何以
以
中国

明代とは何か
「危機」の世界史と東アジア

[日] 冈本隆司——著
Takashi Okamoto

马云超——译

何谓明代

何以中国

『危机』下的世界史与东亚

浙江人民出版社

图书在版编目（CIP）数据

何谓明代："危机"下的世界史与东亚 /（日）冈本隆司著；马云超译. — 杭州：浙江人民出版社，2023.7

ISBN 978-7-213-11037-5

Ⅰ. ①何… Ⅱ. ①冈… ②马… Ⅲ. ①中国历史–明代 Ⅳ. ①K248

中国国家版本馆CIP数据核字（2023）第055411号

浙江省版权局
著作权合同登记章
图字:11-2022-239号

何谓明代："危机"下的世界史与东亚

[日] 冈本隆司　著　马云超　译

出版发行：浙江人民出版社（杭州市体育场路347号　邮编　310006）
　　　　　市场部电话：(0571)85061682　85176516
书系策划：王利波
责任编辑：李　信　　　　　　　　封面设计：林　林
责任校对：王欢燕　　　　　　　　内文设计：王　芸
责任印务：程　琳　　　　　　　　营销编辑：陈雯怡　陈芊如　张紫懿
电脑制版：杭州天一图文制作有限公司
印　　刷：杭州广育多莉印刷有限公司
开　　本：880毫米×1230毫米　1/32　　印　　张：9.375
字　　数：203千字　　　　　　　　　插　　页：4
版　　次：2023年7月第1版　　　　　印　　次：2023年7月第1次印刷
书　　号：ISBN 978-7-213-11037-5
定　　价：78.00元

如发现印装质量问题,影响阅读,请与市场部联系调换。

序　言

　　日本史中再没有"室町期"[1]两百年那样不可思议的时代

了，虽然饱经战乱，却孕育出丰稔的文化。(山崎 1974)[2]

　　这是山崎正和定义和描绘的室町时代，他恐怕是继承了原胜郎

的"足利时代论"(原 1939)，并对此进行了发挥。不管怎样，室町时

代一度被视作混乱不堪、因缺少英雄而枯燥无味的黑暗时代，但如

今其面貌已经焕然一新。

　　所谓室町时代，是指 14 世纪中期到 16 世纪末。几乎同一时期，

隔海相望的中国正处在明朝的统治之下。尽管如此，大多数日本人

对于"明朝"的印象却十分淡漠。

　　也许还会有人把"明朝"念作"みょうちょう(MyōChō)"[3]。即

便准确地读出了"みんちょう(Min Chō)"，多半也是因为包括本书在

---

[1] 室町期：日本的室町幕府时代，起止时间略有争议，一般认为是从足利尊氏创立武家政权
　　(1336 年)到织田信长驱逐足利义昭(1573 年)，持续两百余年。——译者。以下无特殊说
　　明均为译者注。

[2] 本书采用行间注与文末注结合的方式，"山崎 1974"即是指书末"文献目录"中山崎正和出版
　　于 1974 年的《室町记》一书，下同。

[3] 日语中的"明"通常念作"めい(Mei)"或者"みょう(Myō)"，但"明朝"并非念作"めいちょう
　　(Mei Chō)"或者"みょうちょう(Myō Chō)"，而是最接近汉语读音的"みんちょう(Min
　　Chō)"。这也意味着当时日本人对于明朝的认知不单来自书本，更多是源于实际交往。

内的日文书籍常常使用"明朝体"[1]，由此才被人们熟知。如果没有"明朝体"的话，多数人都不会把"明"读作"みん（Min）"吧。这样看来，不熟悉真实存在的明朝（明代）历史也就不足为奇了。

让我们看一下年表，日本的室町时代和中国的明代，日本的江户时代[2]和中国的清代，在时间上出奇地一致。其间恐怕有什么历史性的缘由，绝不只是单纯的巧合。

那么，日本列岛上"丰稔的"室町时代的到来，应该也与同时代君临中国的明朝有着深刻关联。如此一想，作为现代人的我们心中，是否也会对明代中国产生强烈的兴趣呢？

事实上，即便在专家学者之间，过去对于明朝也并不十分关心，普通人就更不用说了。

这都要怪东洋史学的开山之祖内藤湖南，因为他曾经直言"明代很无趣"（三田村1975）。受他熏陶的门下弟子自然也是如此，比如一代硕学宫崎市定就曾经感叹道：

> 有传言说，千万不要从事明代研究，因为没有有趣的话题，自然也没有努力的价值。于是没有研究明代的学者，……学术杂志上有时会登载有关明代的研究，读完发现真的很无趣。……明王朝的历史从创立到灭亡长达近三百年，完全是平

---

[1] 明朝体：日文书籍最常用的印刷字体之一，19世纪中期由美国人姜别利（William Gamble）将上海美华书馆制造的六种字体传入日本而成。因模仿自明朝万历年间的字体，故称为"明朝体"。

[2] 江户时代：起于德川家康创立江户幕府（1603年），终于德川庆喜将大政奉还朝廷（1867年），历时两百六十余年。

淡无味的世代交替,缺少有趣又戏剧性的场面。用动物打比方的话,就像头、手脚、尾巴都没有区别的海参。历代天子也没什么特点,即便把第五代和第八代交换,历史也不会有什么变化。真是一个令人提不起兴趣的王朝。

"平淡""无趣""提不起兴趣",全都是负面的评论。"传言"的起源大概就是内藤湖南,只不过众人都一致赞同罢了。

然而,战后的宫崎却想"亲身体验明朝的历史是不是真的很无趣",决心要"让明朝史变得有趣起来",此后积极投身研究,发表了一系列具有划时代意义的论著。

与此同时,日本的社会经济史学和马克思主义史学开始将17世纪视为世界历史的一大转折,在中国史的脉络中也给予极大的关注。同一时期,中国学者为了从本国历史中寻找"资本主义萌芽",也积极投入研究之中。

进入20世纪80年代,除马克思主义史学之外,以16—17世纪为对象的中国史研究,即"明清时代史",在前人成果之上也取得了显著进展。此后伴随"世界体系论"的风靡,明清时代史与西洋史、世界史研究相互联动,在地方志和档案等新材料的支撑下,出现了"地域社会论"等全新的研究动向和视角。在这些动向中,日本的中国史学独领风骚,也是引领整个学科的研究领域(森1997)。

几乎同时兴盛的还有始于13世纪的蒙古时代史的研究。随着"中部欧亚大陆"这一历史概念的提出,孕育蒙古时代的游牧草原世界的历史意义得到重新认知,现已成为不可或缺的一大研究领域。毋宁说,出于对世界史的关心,或许这方面的研究才更加为人所知。

于是，所谓蒙古时代史和明清史，更具体来说就是到 14 世纪为止的"大元国"时代和从 17 世纪开始的"大清国"时代，涌现出众多的研究成果，形成了"丰稔的"历史图像，研究现状便是如此。

与此相反，介于两者之间的时代意义，特别是在东亚，并没有受到关注，那正是明代的历史。

至少在研究史和学术史上，这一时代只是此前蒙古时代史和此后明清史的各自一部分。换言之，明代史被分割成了"元末明初"和"明末清初"的碎片形式，缺少从整体上着眼和考察的动机。从日本史角度来说，这就如同此前室町时代的处境，被人为分割成了镰仓时代后的南北朝和江户时代前的战国时代。[1]

同时期的西洋也是动荡的时代，文艺复兴向大航海时代发展，所谓环大西洋革命已经开始，世界经济的"核心"正在形成。这本身就是一段无法忽视的历史，更何况此时耶稣会士等欧洲人纷纷来到东亚，东西之间已经不再是彼此孤立的状态。

本书将"明代"作为一个独立的研究对象，参照当今的室町时代史，试图将其描绘成一个具有意义的时代。为此，笔者阅读了为数不少的相关论著，却发现类似的尝试意外之少，例如"岩波新书的中国史系列中还没有明代史的专著"（檀上 2020），这恐怕不是没有原因的。

前后时代的历史研究都有着丰富的积累，课题层出不穷，各自进

---

[1] 南北朝时代一般是指从后醍醐天皇开始"建武新政"（1334年）到南朝后龟山天皇向北朝后小松天皇移交三件神器（1392年）的近六十年时间，战国时代一般是指从"应仁·文明之乱"（1467年）到丰臣秀吉统一日本（1592年）的百余年时间。由于时代分期的标准不同，"南北朝时代""战国时代"与"室町时代"（1336—1573年）在时间上都有较大的重合。

行着高度精密的研究。即便是专家学者，也不得不追随这些研究，要从宏观角度定义整个时代无疑十分困难，这也是很容易想到的。

那么，如果从稍微不同的立场和视角俯瞰，是否反而更容易描绘出明代的整体面貌呢？像笔者这样的门外汉、业余爱好者的存在价值或许正在于此。

如果使出门外汉的蛮劲，活学活用既有的研究成果，同时着力于中国史和世界史的关联，描绘出一幅不同以往的"明代"历史图像也并非不可能之事。若是本书能够与已有的蒙古时代史、清代史研究成果相得益彰，成为重新审视中国历史和现代中国的契机，那真是望外之喜。怀揣着这样的心愿，笔者开始了本书的写作。

明朝帝王世系

①太祖洪武帝
（朱元璋）
[1368—1398]

※ [ ] 内表示在位时间

懿文太子标　　秦王樉　　晋王棡

燕王棣
③成祖永乐帝
[1402—1424]

宁王权

②惠宗建文帝
[1398—1402]

④仁宗洪熙帝
[1424—1425]

□

⑤宣宗宣德帝
[1425—1435]

□

⑥英宗正统帝
[1435—1449]
⑧天顺帝（复辟）
[1457—1464]

⑦代宗景泰帝
[1449—1457]

□

⑨宪宗成化帝
[1464—1487]

宁王宸濠

⑩孝宗弘治帝
[1487—1505]

（睿宗）兴献王

⑪武宗正德帝
[1505—1521]

⑫世宗嘉靖帝
[1521—1566]

⑬穆宗隆庆帝
[1566—1572]

⑭神宗万历帝
[1572—1620]

⑮光宗泰昌帝
[1620]

⑯熹宗天启帝
[1620—1627]

⑰毅宗崇祯帝
[1627—1644]

目录

第 I 部　形　成

第1章　明朝的诞生

　　一　蒙古帝国的构造　003

　　二　大元国的体制　008

　　三　"14世纪危机"　015

第2章　政权的构筑

　　一　权力集中　022

　　二　冤狱事件　028

　　三　南与北　035

第3章　从南京到北京

　　一　建文政权　042

　　二　永乐帝　047

　　三　完成　053

第 II 部　体　制

第4章　财政经济

　　一　实物主义　065

　　二　财政体系　070

　　三　币制　075

第5章　华夷秩序

　　一　华夷殊别　080

　　二　"朝贡一元体制"　084

　　三　体制的确立　089

第Ⅲ部　乖离

第6章　走向白银财政
一　宝钞的命运　099
二　实物主义的归宿　107

第7章　走向流通经济
一　白银化的前提　114
二　江南的发展　120
三　币制与贸易　125

第Ⅳ部　社会

第8章　构造及其演变
一　构成　135
二　重组　141
三　乡绅　146

第9章　思想与文化的展开
一　苏州　154
二　阳明学　161
三　社会的趋势　166

第 Ⅴ 部　混　沌

第 10 章　从正统到嘉靖

　　一　英宗朝　　　　177

　　二　安定期　　　　185

　　三　动荡的嘉靖朝　192

第 11 章　"明末清初"

　　一　"北虏南倭"　200

　　二　改革　　　　　209

第 Ⅵ 部　崩　溃

第 12 章　灭亡之路

　　一　万历　　　　　219

　　二　缩影　　　　　224

　　三　党争　　　　　228

　　四　终焉　　　　　234

第 13 章　继承者

　　一　反抗的时代　　239

　　二　明清交替　　　245

　　三　世界与中国　　250

结语——兼文献解题　259　　　文献目录　277

后记　270　　　译后记　285

大事年表　273

第 I 部

形成

明代とは何か

坦率地说，对于大元国而言，明朝是一个恶劣的继承者。自蒙古时代，特别是忽必烈时代萌芽成长的众多事物，都被明帝国所断送。……蒙古时代的繁华，瞬间变成了萧条的世界。……这是一个充满杀伐之气的阴森时代。尽管国号确定为"明"，实际却称得上是一个"黑暗帝国"。

（杉山1996）

通常以淮水和汉水为界，以南地区的人称为"南人"，以北地区的人称为"北人"。朱元璋自淮水流域南下建立明朝，其政权的主导者和支持者当然以南人为主。建立之初的明朝是一个南人政权，有着南人政权独有的困境。……只统治江南的话，保持南人政权的性质也无妨。……但明朝是包含华北在内的统一王朝，长此以往可能会成为一个过于偏南的封闭性政权。

（檀上2020）

第 1 章

明 朝 的 诞 生

一、蒙古帝国的构造

欧亚大陆的面貌

探讨"明代",自然要从王权诞生的时刻说起,但在思考所谓"诞生"的时候,又不能不知晓它的母胎。

明朝的母胎就是蒙古帝国的兴亡。在思考明朝的历史意义时,不能忽视前代王朝蒙古帝国的性质,具体而言就是从 13 世纪初到 14 世纪后期这将近两个世纪的时间。

这一时期为止的世界史还不包含美洲大陆,欧亚大陆是主要的历史舞台。笔者曾因此称之为"欧亚世界史",不过最近有意使用"亚洲史"的称法(杉山、冈本 2006,冈本 2018a)。学界的主流术语是"中部欧亚"或"欧亚大陆东部",与笔者所说的"欧亚世界史""亚洲史"基本同义,但此处不作使用。因为在大航海时代以后,这些概念已不适用于世界史整体,用于论述明代和清代的东亚也是不充分的。

总之，在讲述明朝及其母胎的蒙古帝国时，首先必须宏观把握作为舞台的欧亚大陆。让我们结合下面的示意图（图1）进行说明。

欧亚大陆十分辽阔，虽然周边也有海洋环绕，但海岸线与陆地相比极为短小。更重要的是，它有着远离海洋的广阔内陆地区。

内陆地区遍布着险峻的山脉，比如分割印度和西亚的兴都库什山脉。还有喜马拉雅山脉隔开了印度和中国西藏，季风从海上带来的湿润空气在此遭到阻隔，无法到达内陆。因此除了北方寒冷的针叶林带外，内陆都是干燥地区。

在这样气候干燥的地区中，既有不适宜生物生存的沙漠，也有草本植物茂盛的辽阔草原。草原上可以放牧，人类也得以生存。

当然，临近海洋的湿润地区和大河附近都是水源充足之地，可以从事农耕和定居。于是，欧亚大陆就形成了气候湿润的农耕定居地区和气候干燥的草原游牧地区相邻并存的局面。毋庸赘言，两者的生态和生活都是截然不同的。

如图1所示，欧亚大陆内部的山脉将大陆分成了四大块。其中Ⅰ、Ⅱ和Ⅳ分别代表东亚、南亚和西亚，它们都包含着农耕和游牧两种不同的世界，这就是亚洲史的初始条件。

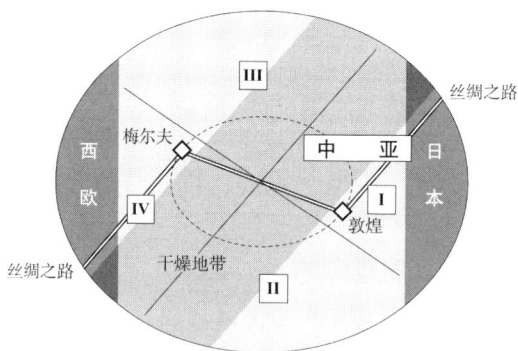

图1　亚洲四分图

出处：冈本2018a，有改动。

不过，欧亚大陆东西两端的日本和西欧没有干燥的草原地带,因此不具备"游牧—农耕"这种二元性的构造,示意图很巧妙地反映了这一点。

中亚与"丝绸之路"

这并不是全部,仅从图1来看,山脉交错的欧亚大陆正中似乎是清一色的干燥地带,但事实却略有不同。

东亚(Ⅰ)的敦煌以西、南亚(Ⅱ)的印度和阿富汗之北、西亚(Ⅳ)呼罗珊[1]地区的中心城市梅尔夫[2]以东,这块区域在汉语中称为"西域"。这一范围在地理概念上称为中亚,不同于图中的Ⅰ至Ⅳ地区。

中亚虽然气候干燥,但既有降雨又有河流,涌出地下水的绿洲城市呈点状分布。Ⅳ的西亚与相邻的中亚在地形和气候上十分相似,也有广泛分布的绿洲,但西亚还有着大河环抱的广大农耕地区,这一区别需要注意。

绿洲地区可以发展农耕,容易形成交易收获的市场。特别是在临近草原畜牧地区的地方,物品交换往往引来人群聚集,逐渐发展成绿洲城市或者都市国家。中亚地区就有很多这样的都市。

点状分布的市场和绿洲城市借助商道相互连接,最终横贯干燥的中亚,关联起东西延伸的农牧边境地区。这就是俗称的"丝绸之

---

[1] 呼罗珊(Khurasan):西南亚古地名,意为"太阳升起的地方",大致包含今天的伊朗、阿富汗、土库曼斯坦、塔吉克斯坦等部分地区,历史上领土范围变化很大。

[2] 梅尔夫(Merv):位于今天土库曼斯坦境内,现称"马雷",曾是古代丝绸之路上的交通要地。

路",即贯穿欧亚大陆东西的主干道。

蒙古登场的意义

如果将蒙古帝国的版图与中亚的东西两端重叠就会发现,敦煌和梅尔夫大致位于成吉思汗势力范围的最南端。换言之,13世纪初期的成吉思汗大约用20年时间完成了草原游牧世界的整合。同时,他也将中亚的绿洲都市地区,即丝绸之路的主干道基本掌握在了手中。

一旦将欧亚大陆的草原游牧世界和中部主干道掌握在手,就可以对周边的农耕地区,特别是东亚和西亚展开连续的攻势。从13世纪后期开始,成吉思汗的子孙们不断向农耕世界发展和扩张。

蒙古征服是13世纪前期值得大书特书的事件,在此之前北亚草原的蒙古民族几乎还未登上过历史的舞台。俄罗斯国家的整合,也正是在经历蒙古时代以后才开始的。

从13世纪中期到后期,蒙古帝国几乎将版图扩大到除印度以外的欧亚大陆全境,这也是草原游牧民族与定居农耕民族不断冲突、交往的过程。

农耕和游牧的南北势力时而对立抗衡,时而交流协作,有时会有一方压倒另一方的情况。这样的趋势在东亚、西亚、印度都以不同的形式展开,构成蒙古时代以前的亚洲史。但在进入13世纪后,由于出现了蒙古这一突出的军事政治势力,原本各自为政的动向终于统合成了一个整体。

从中国史的范畴来说,对立抗衡的局面包括五胡十六国的纷扰、五代十国的动乱，以及此后北宋和契丹、南宋和金朝的南北对峙。可以说，所谓的中国史和东洋史大致都能够从南北势力的交织中得到解释。

以各自的亚洲史动向为前提，将东西方进一步统合，这就是蒙古登场的意义。东亚、中亚和西亚间虽有关联，但总体上各自进行的历史在此迎来了新的局面。由于起到连接作用的草原和丝绸之路处于单一势力统治之下，借助蒙古的军事扩张和政治统合，丝绸之路贯穿东西，欧亚大陆连成了一体。可以说，原本互不相关的亚洲历史由此实现了整合。

军事国家还是商业国家

自成吉思汗兴起以来，蒙古帝国在军事上急遽扩张。作为游牧民族，军事力量当然以骑兵为主，其数量不一定很多，但机动力无与伦比。相反，定居的农耕民族因为持有土地，军人很难被动员起来，而且缺乏机动性。一旦投入战争，两者的优劣一目了然。蒙古军堪称最强的游牧军团，在各地取得压倒性的优势。

蒙古帝国的军事扩张和军事统治并非只限于战争，武力不仅是破坏力，也是抑制力和强制力。

干燥草原世界的边缘必定存在商业和市集，商路发达的主干就是丝绸之路。商业人群的附近有游牧民族，两者间基本上是共生的关系。商人依仗游牧民族的军事力量，给自己的商业行动起到护卫作用，或者是对规则的破坏者加以制裁。反过来，游牧民族则可能从他们保护的商人手中获得一定利益，总之两者是相互依赖的关系。

这样的关系并非始于蒙古,而是伴随丝绸之路的经济活动同时存在的。蒙古时代的意义就是将这种关系进一步强化,并且发展到整个欧亚大陆的规模。如此说来,蒙古时代的主角并非只是蒙古人,在蒙古的阴影之下还存在着横贯东西从事商业活动的人群,毋宁说他们才是时代的主角。

这些集团的代表就是持有商业资本的伊朗系穆斯林(杉山2010)。虽然出于便利这么称呼,但具体来说,其中也有不少属于突厥系,或者非穆斯林的商人。他们是这一时代商业中心地区中亚的居民,以前被称为粟特人,所以这些地方也被称为粟特人居住地(Sogdiana)。后来,突厥系游牧民族的回鹘人从东方迁移至此,与粟特人融合,中亚出现了"突厥化"的趋势。但实际情况不如说是回鹘人被粟特化并定居了下来,他们和原住民一样都是商业民族。

同时,西方的伊斯兰文化传播至此,特别是中亚西部穆斯林占据了多数,普遍使用的语言是波斯语,由此我们才把丝绸之路沿线的商业民族统称为"伊朗系穆斯林"。总之,在蒙古扩张的背后,这些商业民族的活动和作用是无法忽视的。

二、大元国的体制

商业资本的作用

商业资本和游牧权力的结合是蒙古集团的基本存在形态。蒙古的军事扩张同时也是商业资本经济圈的扩张,因此后者逐渐成长为帝国统治的基础。

最能反映这一趋势的就是"买扑""斡脱"这样的汉语。用我们的语言来说，那就是赋税承包（包税）。政府权力在获得财政收入的体制中，将收取税金、兴办公共事业获得收益等业务全部委托给商业资本。承包者获得各种收入，并以这样的形式上交政府。

这里的"斡脱"起源于突厥语的ortaq，波斯语称为urtak，用现代英语来说就是company，指聚集同伴一起从事商业活动的公司。

这样的公司接受政府委托所上交的钱称为"斡脱钱"，汉语的说法叫作"课利"，而在非汉语史料中出现的术语叫作"塔木加（tamγa）"，原意是指"印章"——这个名称源于支付金钱或承包事业时会收到盖有印章的证明。课利也好，"塔木加"也好，都是流通和专卖领域税金的总称，也就是从某件商品自生产到消费的过程中获得收益。

特别是在中国，从8世纪开始，食盐的生产和流通过程都被课以重税，此后这一制度长期延续。奢侈品和嗜好品姑且不谈，食盐是人们维持日常生活，乃至维持生命的必需品，加上它并非随处可得，所以任何人都需要购买。对食盐征税本身就是恶魔般的行为，更何况有时还要征收几十至几百倍的税金。

中国位于大陆，海岸线很短，地下涌出的盐水非常集中，食盐不足的地区广阔。也因为如此，政府能够统一管理并收取税金。如果是像日本列岛那样海岸线漫长的地区，任何地方都能轻松获得食盐，那么统一管理将是不可能的。这样的盐税也是课利，即"塔木加"的一种。

像这样以食盐为代表，征收税金的物产交换都属于商业交易。

商业买卖当然少不了钱币,原始的物物交换早已成为过去。那么,与蒙古人共生的伊朗系穆斯林商人使用怎样的货币呢?

如前文所说,尽管统称为"商业资本"和"伊朗系穆斯林",但其中实际包含着多个种族,语言也不尽相同。如果不能在这些素不相识的人群中拥有共同认可的价值,就无法在交换中起到货币的作用。最适合的物品还是重金属,尤其是白银,黄金终究过于贵重,难以在交易中充当钱币。

在中国范围内,真正将白银作为货币是在蒙古帝国以后。此前虽然也将金银用作辅助性质的货币,但大规模的日常使用还是要等到伊朗系穆斯林的商业资本,也就是蒙古的统治之下。

忽必烈与大都

如果说蒙古帝国是此前亚洲历史的集大成者,那么13世纪中期的1260年在此过程中具有划时代的意义,那正是成吉思汗之孙忽必烈在东亚世界建立政权的一年。

在西亚,忽必烈的弟弟旭烈兀发动远征,席卷伊朗后到达叙利亚。在统帅旭烈兀离开之际,叙利亚驻军战败于伊斯兰埃及的马穆鲁克王朝,由此失去了向西征服地中海的可能,这一年也是1260年。

于是,旭烈兀在相当于今天伊朗、伊拉克的地区驻扎下来,史称"伊尔汗国"。这就是旭烈兀国家的建立。蒙古帝国自13世纪初成吉思汗以来不断扩张,直到1260年才基本停止。

由于当时的蒙古还在攻打南宋,对于忽必烈来说,剩下的南宋征服事业算得上唯一的例外。此后大体是在忽必烈的旗帜下,西亚、中亚和北亚各自独立,形成一个松散的联合。

　　早在军事扩张时期,商业资本的存在和作用已经无法忽视,一旦军事扩张停止,经济问题自然就走到了台前。如果认为武力征服是蒙古帝国的全部,那就过于短视了,军事背后的经济和商业才更加重要。而有意识地对此加以推进的,正是忽必烈。

　　众所周知,忽必烈是建造大都、征服南宋的雄主。大都就是今天中国的首都北京,蒙古帝国的中枢此前都在蒙古高原,忽必烈将之迁往大都,是因为这里位于中原的北端,靠近经济发达的地区。大都向北临近游牧地区,能够快速回到蒙古本土,向西又连接着丝绸之路,此外还有便利的海运。

　　在蒙古之前,同为游牧民族的契丹也曾将都城定在大都(北京),契丹以后还有通古斯系女真民族建立的金王朝。忽必烈可以说是他们的继承人,但在继承传统的同时也对首都的中心功能进行了重新规划,今天北京城的原型正是由忽必烈创建的。

经济体制的整备

　　忽必烈将大都作为据点,大力整顿以此为中心的帝国交通网络。连接交通路干线的传驿和住宿设施称为"站赤",中国今天把"驿"称为"站",据说就是从蒙古语中来的。

　　就中国内部而言,为了将粮食物资从南方运往大都,蒙古时代疏浚和重修了古代大运河;由于漕运效率低下,有时会改用海运。就像今天修建铁路和新干线必定带来经济效益,数百年前也是同样的道理。

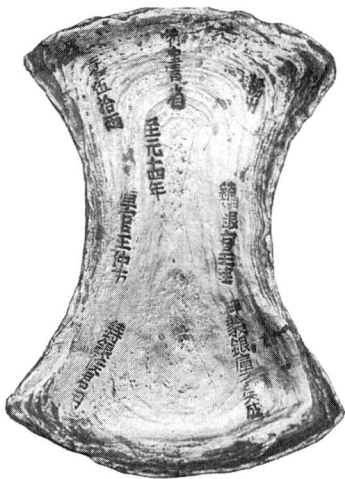

图2　银锭

在这一运输、流通、商业过程中，作为货币使用的就是上文所说的白银。当时白银的形状和成色各不相同，使用十分不便，于是由政府主导制造了一定纯度和重量的铸锭，并打上日期加以保存，这就是"银锭"（图2）。

作为政府的财政手段已经足够，但在实际交易的过程中，贵金属无论携带搬运还是价值认定都很不方便。于是，忽必烈将西方起源的白银和中国实施的货币制度相结合，进而产生了纸币。

确立以纸币作为通货的币制，这是大元国最重要的特征。从世界史角度来看，这也是东西融合的划时代产物。

从铜钱到纸币

铜钱从很早以前就已成为中国的通货，唐代的"开元通宝"确立了规格，此后流入日本而广为人知。铜钱的形状是在圆形铜板上开出方形的孔，通过方孔可以用绳线将铜钱串联起来。由于铜钱的诞生，宋代以后中国和东亚世界的货币经济才真正发展起来。

当然，一枚铜钱就是一文，其价值大概只有今天的10—20日元[1]。仅凭这样的10元硬币,日常生活的零碎支付暂且不谈,要从事大规模的经济活动是不可能的。

铜钱的原料是青铜,仅中国境内的产量尚不足以维持经济活动,现实中也有铜钱不足或者无法使用铜钱的地方。因此需要用储量更丰富的金属代替,那就是铅和铁。

然而,储量大也意味着价值低,铁钱在今天只有1日元的价值。如此,铁钱比铜钱更不方便,更无法用于商业活动。于是管理者在绞尽脑汁后终于找到了铜钱和铁钱的替代品,那就是称作"交子"或"会子"的纸币,也就是有价证券。"交"和"会"都是交易、交换的意思,蒙古时代的纸币也称为"交钞"。

纸币最初的用途可能是特定店铺发行的借用证或商品券,因为使用便利而得以普及,逐渐代替钱币流通开来。后来政府也利用类似的纸券,并且收回了发行的权力,这就是纸币的诞生。

12世纪金朝统治中原时,由于贵金属缺乏而经常使用交子。同时期江南的南宋虽然以铜钱为主流,但纸币更加便利,特别是财政困难时为了填补支出,很容易增大发行量,因此被广泛使用。

纸币终究只是纸片,要使它作为通货流通,最重要的就是维持票面价值的兑换和信用。从经济史角度来说,金和南宋就是由于没有处理好这一点而灭亡的。

---

[1] 1日元约等于人民币0.05元。

蒙古帝国的财政金融

在大元国,"伊朗系穆斯林"兼任政府的财务官员,他们的商业资本保障着自身使用的白银和纸币的兑换。不仅是兑换,他们还经营斡脱,掌握着征税事务,因此无论征税纳税,还是从事商业活动,都可以使用纸币。通过在流通过程中发放和回收纸币,他们一边从事着自身的经济活动和政府事业,一边调节着纸币的流通量和兑换储备。

忽必烈在位时的年号是"中统",当时发行的纸币称为"中统钞"。"钞"这一汉语相当于英语的note,也就是票据或者纸币。以中统钞为基础,此后纸币得以制作和流通。白银集中在政府国库里,作为中统钞的终极兑换储备。在此前提下,纳税和物资的调度都使用纸币,纸币不断循环,其发行、流通量以及价值都保持在一定的水准上。

反过来说,这种平衡一旦崩溃,纸币就会沦为废纸。大元帝国暂时克服了这样的历史循环。

不仅是纸币,食盐也是收取重税的专卖品,只有政府认证的人员才能生产和贩卖。其许可证称为"盐引",当时的盐引曾经在甘肃沙漠出土,发行者是中国首屈一指的盐产地"两淮"当局(图3)。商人们拿着盐引四处买卖,最终传到了遥远的内陆沙漠地区。

由于能够独占食盐的买卖,从中获得莫大的利益,作为许可证的盐引本身就具有很高的价值,商人之间有时会买卖盐引。盐引也是以食盐这一重要商品作为背景的有价证券,本身便是钱币的一种。

于是，蒙古帝国建立起类似于今天期货和股票交易的经济制度。当政权稳定时，这一制度能够很好地运营，忽必烈发行的纸币在东亚世界之外也发挥着经济作用。蒙古帝国虽然起源于游牧国家的军事统治，但军事统治的实现和维持离不开经济统治，这一点是不容忽视的。

我们作为现代人都知道，如果超出实体经济买卖股票和证券，就

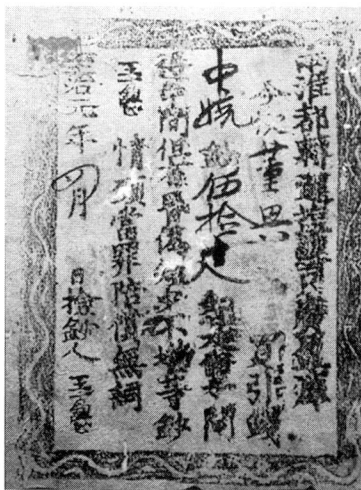

图3　盐引

可能引发泡沫经济，反过来对实体经济产生影响。蒙古帝国末期也迎来了这样的命运，时代在此发生巨大的转折。

三、"14世纪危机"

寒冷化与东西分离

蒙古帝国也是一个高度发达的商业国家，然而从14世纪后期开始，帝国的运营遭受了挫折，这就是所谓的"14世纪危机"。

纵观北半球气温变动的数据，3—4世纪以后是地球不断变冷的时代，其间受打击最深刻的就是内陆的寒冷干燥地区。

由于寒冷，内陆的植被不断退化，家畜无法饲养，游牧民为了生

存不得不选择南下。南方当然也有居民，于是就会爆发冲突，邻人也成了难民。这样的过程就是欧洲的"民族大迁移"和中国的"三国"及"五胡十六国"。

在经历寒冷时代后，8—9世纪以后气温逐渐回暖，这就是西洋史上的"中世"。欧洲人口倍增，土地得到开垦。当然不仅是欧洲，气候温暖对于任何地方的农耕民族都意味着生产力的提高。特别值得注意的是东亚和中国，这一时期取得了重大的技术革新，生产和流通的发展都令人惊叹，这在历史上被称作"唐宋变革"。

内陆亚洲的草原不断扩大，游牧民族的活动变得频繁，其开端就是回鹘人向西迁往中亚。此后，契丹人和蒙古人也有同样的迁徙。

伴随地球整体温暖化，各地的人群逐渐恢复生机，而将这种种现象整合为一体的就是蒙古帝国。蒙古帝国的世界史意义，也可以从上述角度去考虑。

如此说来，蒙古帝国的存在是以温暖化和由此产生的体制作为基础的。然而从14世纪中期开始，有利的条件陡然转变，寒冷化再次侵袭了地球。

随着气温下降，因温暖化而扩大的农业生产自然缩小，但这一时期更显著的特征是传染病的流行。欧洲历史上臭名昭著的鼠疫正是在此时产生和蔓延的，地中海首次确认病例是在1347年。

实际上，鼠疫是从中亚通过蒙古帝国的商业通道波及地中海的。当然，受鼠疫影响的不仅有作为终点的地中海和欧洲，还有丝绸之路及沿线地区，一度贯穿欧亚大陆的交通干道和商业通路被分割得七零八落。为此，保持着松散统合的蒙古帝国本身也变得支离破碎，从内部走向崩溃。特别是欧亚大陆东西的松散整合和联系，几乎从历史上消失了。

这是世界历史上极为重要的大事件,我们现在所通用的东洋史、西洋史的分类,其实是从那以后才形成的框架。在此之前,东西几乎是连成一体的,唐朝历史就是其中的典型,粟特人从西方来到唐朝,东方文明影响西亚,这些都是司空见惯之事。

但自从"14世纪危机"以后,欧亚大陆的东西方成了彼此隔绝的区域。寒冷化造成生产衰退、疾病横行和商业萎缩,丝绸之路的整体活力下降。这是该时期特有的事态,也无疑是东西隔绝的原因,但分离之后长期没有恢复,毋宁说是由此后的历史进程所决定的。

江南群雄割据

那么在东西分离之际,位于东方的大元国又发生了什么呢?政局动荡和社会不安激起了内乱,其开端就是1351年的刘福通之乱。由于叛军都扎着红色的头巾,又称为"红巾之乱"。

这种类型的叛乱很符合中国历史的模式,反政府组织往往打着新宗教的旗帜,当时就是白莲教。白莲教是佛教的一种,宣扬末世论和救济思想。反社会组织为了加强内部的团结,需要一定的意识形态,而白莲教就是他们团结的纽带。

叛乱组织的形成过程很容易理解,只要涉及政府的违禁品就是反政府组织。由于政府对人们生活的必需品食盐课以重税,自然会出现低价买盐和卖盐的人。即便是通过贩卖私盐牟取暴利,也依然比政府的专卖盐便宜。这些私盐商人被称为"盐枭"或者"盐贼"，他们聚集资金，通过新宗教团结一致，发展成反政府、反社会的组织。

当然，他们也会遭到官府的镇压，因此需要一定的武装。其间既有组织内部的抗争，也有组织之间的争斗。起于14世纪中期的红巾之乱，基本也在这一发展轨道上。

这些内乱势力中最强的是张士诚，他出身淮南盐枭，占据着中国最富庶的长江三角洲，势力范围包含中国首屈一指的食盐产地和稻米产地。对于蒙古政权而言，这就如同被叛军夺走了钱袋和粮仓。

在当时的体制下，蒙古帝国一旦无法获得钱粮就万事休矣，与成吉思汗白手起家的时候已经无法同日而语。借助与商业资本的结合，蒙古人过上了富裕的生活，但如果没有南方的经济作为后盾，大元国的中枢大都就无法运转。也因为如此，蒙古对张士诚的攻击必然异常激烈。

然而叛军并非只有张士诚，但势力最强的张士诚也无法战胜试图剿灭他的蒙古，这就是历史的有趣之处。

朱元璋的崛起

终于轮到主角登场了。同为红巾军的朱元璋以紧邻张士诚的金陵作为根据地，金陵在三国六朝时期称为建业或建康，朱元璋将其改名为应天府。日后，此地以"南京"为名，不仅是中国都市的代表，也正如"南京町""南京布（nankeen）"等词语反映的那样，成为包含日语在内的外国语言中中国本身的代称。

尽管如此,朱元璋作为根据地的南京在当时并不是多好的地方。虽然曾经作为南朝和南唐的都城显得十分正统,但在当时早已偏离了政治和经济中心,拿日本类比的话就相当于京都这样的古城了。

相比之下,张士诚的根据地在江南三角洲的苏州,那里水田广布,生产力发达,交通便利,人口众多。比起京都,这有点类似于大阪。南京和京都都是地势稍高的盆地,当时比起下游要贫穷很多。

地缘政治的条件也不好,南京上游还盘踞着以江西作为根据地的强敌陈友谅。金陵的朱元璋很容易受到张士诚和陈友谅的夹击,形势非常不利。

但是,朱元璋趁着张士诚遭到元朝正面攻击的有利时机,调转矛头首先进攻上游的陈友谅。随着陈友谅灭亡,朱元璋解除了后顾之忧,迎来与张士诚的最后决战。

朱元璋打败张士诚是在1367年,随后将江南地区收入囊中,翌年即位建立明朝。但这并不是终点,朱元璋在即位之前就组织了北伐军,意在占领华北。

不久后,落败的蒙古政权从大都退出,转移到长城以北的据点,汉语中称之为"北元"。北元延续着忽必烈的血统,与明朝形成南北对峙的局面。

但在明朝来看,长城以南汉人视为"中国"[1]的领土大体已从蒙古手中夺回,于是开始宣扬蒙古已经不再统治中国。对于刚即位称

---

[1] 本书中作为历史语境出现的"中国""中国本土"等通常指长城以南的汉地,并非现代国家意义上的"中国",这一点敬请读者留意。

帝的朱元璋而言，这也是宣示自身正统性的必要手段。

忽必烈的子孙在位时期自不待言，即便血统断绝之后，蒙古的势力也并没有消失。此后，明朝与蒙古隔着长城呈现长期对峙的局面。

明朝的条件

这样南北分割和对立的局面，意味着蒙古帝国所统合的农耕世界和游牧世界重新出现了分裂。从地图上看，首先是蒙古帝国东西分离，只剩下东亚的部分。在此基础上，农耕地区又从草原地区分离出来，这就是大视野下明王朝的建立。

受"14世纪危机"影响，蒙古帝国形成的初始条件已然丧失殆尽。所谓初始条件，就是指因温暖化而充满活力的游牧世界与农耕世界，以及掌握了两者边境的商业。只有在这样的条件下，将游牧与农耕统合为一个整体才得以可能。

然而，由于寒冷化和"14世纪危机"，丝绸之路上的商业无法运转，加上既是钱袋也是粮仓的江南落入叛军之手，此前借由流通、商业和经济连接整个欧亚大陆的蒙古体系，至此已经难以维系了。

最明显的事例就是食盐，随着盐枭们一拥而起，食盐专卖制、"塔木加"、流通机构都无法运转。盐引不再用于交换，因而价值暴跌。这当然也影响到纸币，纸币沦为了废纸。于是，本应作为准备金储藏或是投入市场循环的金银都被隐匿起来，市场上频频出现货币不足的现象。

这样的现象并不罕见，一旦经济不景气，人们都不愿意花钱买东西。不买东西就会出现剩余,物价难免下跌,最终导致生产的衰退。总之,由于通货紧缩的影响,这一时期陷入了巨大的萧条。

在无尽的萧条之中,明朝诞生了,这就是明朝的初始条件。明朝将要构筑怎样的制度和体制,随着时代推移又会发生怎样的变化,这些都将影响今后历史的走向。

第 2 章

政 权 的 构 筑

一、权 力 集 中

明太祖洪武帝

考察明朝时,最重要的就是开国皇帝明太祖的治世。明太祖,讳朱元璋,如果不先了解他的功绩,就无法理解此后的历史,我们先来讲述其中的奥秘。

关于"明太祖",中国皇帝直到前代的大元国大多都以庙号称呼,"太祖"就是庙号之一。庙号以前还有谥号,这是死后赠予的称号,如"汉武帝""隋文帝"等,用于反映皇帝的个人品质或者治世特征。进入唐朝以后,生前积累尊号成了惯例,吉利的文字也不断增加,死后就演变成极其冗长的谥号。由于区别度低,叙述历史时十分不便,所以改用了庙号。

庙号是祭祀宗庙祖先时使用的名称,其用词基本是固定的,没有太大变化。始祖称为"太祖",第二代称为"太宗",每个王朝都是如此,所以要像"明太祖"这样冠以王朝的名称。

不过从明太祖朱元璋开始,推行了"一世一元"的制度,皇帝原则上终身在位,其间不再变更年号。年号和皇帝的治世是一致的,所以用年号称呼皇帝最为便利。此后明、清两代的皇帝都以年号称呼,如永乐帝、康熙帝等。明太祖的年号是"洪武",也是"洪大的武功"之意,洪武年间正是明朝最重要的时期。

明太祖建立明朝,将蒙古政权驱逐到长城以北是在 1368 年,也就是洪武元年。此后,洪武年号持续了三十多年,大致延续到 14 世纪末,我们要讲的就是其间的历史。

王朝之初的皇帝设计制度,此后的子孙代代相承,这是中国史的通例。但对于国祚绵长的王朝来说,最初设计的制度往往无法一直持续,中间需要进行较大的变更。比如享国三百年的唐朝,开始实行所谓律令制度,但经历一两百年后,其内在已经发生变化,表现出连学者都难以理解的复杂形态。明朝的历史其实也不例外。

我们必须首先知道明初的制度设立是什么样的,然后才能追踪此后发生了怎样的变化,这就是重视洪武时期的缘由。

前代的继承与改造

无论古今东西,人类社会都不是从一张白纸开始的。不管是否愿意,衣食住行或多或少都要继承原有的事物。当发现这一点时,本身已经不容否认地成为既有社会和文化的一部分,无论喜欢与否都生活在其中了。

中国的任何一个王朝都是如此,明朝当然也不例外,有着作为前提的初始条件,那就是上一章所说的蒙古帝国体系及其崩溃。

朱元璋出身托钵僧人，白手起家成为最高统治者。在登上皇位之前，他的首要目的恐怕都是自己的生存，并非从一开始就有明确的目标方针和意识形态。然而一旦成了明太祖、建立了政权，情况就不一样了。

所谓政权是由许多人构成的组织，如果不能定义自己的存在理由，统治层就无法团结。古今中外，任何国家和政权都是大同小异，政权或多或少要有自己的理念和主张。

眼前的既有条件大多无法改变，但是如果只是继承已有的事物，就无法说明为何要打倒对手、推翻旧的政权。怎样组合初始条件和自身的主张，这将会决定政权的发展方向。那么，洪武帝是怎样做的呢？

恢复"中华"

明朝的旗帜就是恢复和统一中华。尽管无法得知明太祖的个人意向起到怎样的作用，但这一意识形态无疑决定了此后明朝的全部动向。

在中国历史上，统治层大多是知识分子，他们几乎无一例外服膺儒家教义。儒家的世界观是二维的同心圆或者三维的圆锥形，居于中心和顶端就是"华"，扩充成两个字则是"中华"。

如果将作为儒家教义中心的"中华"集中到一点，那就是天子或皇帝。汉人知识精英围绕在皇帝周围，离此越远则地位越低，远离"中华"文明就是周边和蛮夷。相对于"华"和"中华"，他们被称为"夷"和"外夷"（参照第81页图13）。

以上是儒家的经典教义，也是使用汉语汉字、崇尚儒学的汉人知识分子大致共有的世界观。然而，不接受儒学和汉字的外夷是不会拥有这种世界观的。

游牧民族的蒙古人就是不使用汉语、不共有世界观的"外夷"典型，但蒙古的天子和政权却统治着大多数的汉人。本该居于周边和下位的"外夷"，如今君临于世界的中心，这在华夷世界观看来完全是上下颠倒的现象，必须恢复到正常的体系。

明朝作为打倒蒙古、恢复汉人统治区域的王朝政权，自然需要强调"中华"和"外夷"的分别，主张恢复到原有的"中华"。这是其存在理由，也是国策。

既然要恢复中华，而且必须具有说服力，那就得是眼前看得到的事物。在蒙古政权统治下，模仿蒙古人习俗的汉人知识分子不在少数，甚至还有为蒙古政权殉死的汉人官僚。

理应作为统治层的知识分子却学习外夷蒙古，这是岌岌可危的事态，也关系到推翻蒙古而建立的明朝政权的前途。必须让他们抛弃蒙古时代的旧习，回到体现和维护"中华"的汉人文明之中。明太祖最先着手的就是衣冠服饰等外在领域，洪武元年（1368）二月壬子的诏书中下令"衣冠复如唐制"（《明太祖实录》卷三〇）。

改造多元化

服饰确实是华夷之别的重要标志，但对于政权而言，这样的"恢复"也许只是细枝末节。改造蒙古旧习不能停留于这些表面的、肉眼可见的事物上，更重要的是关乎政权体制的问题。

明朝诞生的条件是元朝末期的群雄割据。既然有割据，也就意味着各地存在着能够形成独立政权的基础。尽管统称为中国，但现实中各地的情况多种多样，极富地域色彩。可以说，中国从一开始就是分散的，割据只是将这种情况突显了出来，这种理解可能更接近事实。

实际上，蒙古的统治绝不是全国一元化的。蒙古时代以前也是如此，黄河流域的北方曾经是金王朝的版图，蒙古从初代成吉思汗开始就不断进攻和征服。与此相对，长江流域是与金朝对峙的南宋的领域，蒙古开始征服要等到13世纪后期，征服后进行统治则是13世纪末了。蒙古政权将前者称为"汉地"，后者称为"蛮子"，推行着截然不同的统治。

不仅是南北这样空间上的差别，蒙古时代受到尊敬的不只是原来的士大夫和儒学精英，其他语言和职业的人员也有着相应的待遇，并没有形成基于社会性统合和一元化价值的阶层秩序。

面对这样的中国，蒙古政权无法将权力触手伸到地方社会的末端，表面上君临全国，但地方事务基本只能交给地方处理。

眼前的骚乱和动荡，其根本原因正在于蒙古式的地方主义和多元统治。至少从群雄割据中胜出的朱元璋是这样认为的。因此，他希望建立一种全部土地和人民都与天子直接相连的体制。所谓将"外夷化"现状回归到原有形态的"恢复中华"，其实就是将政治体制朝着与蒙古时代相反方向推进的全面性政策。

中书省的废止

在现代中国，除了重要城市的"直辖市"和少数民族的"自治区"外，最大的地方行政区划称为"省"。为什么会有这样的称呼呢？

这一名称是历史性的产物，用语的本源和日本政府各省厅的"省"一样，当然现在的意思已经完全不同了。

"省"作为地方行政区划起源于蒙古帝国时代，当时的正式名称是"行中书省"。"中书省"是唐朝以前就有的正统官名，也就是中央的宰相府，"省"的本意还是指中央政府。

但如上文所说，蒙古的统治大多都是地方主义，与中国传统宰相府的情况也有所不同。首都大都（北京）有名为中书省的宰相府，虽说是首都圈，但终究也是一个"地方"，无非就是当地的机构。那么，其他地方上也应该有当地机构，这就是蒙古的秩序观。

所谓中书省，其实是辅佐君主处理政务的"政务统辖机关"。中国历代的宰相府中都有多名职位相同的宰相，与其比作现代日本的首相，不如说还是内阁官员更容易理解。皇帝也会参加内阁会议，讨论和决策全部的政务。

既然都城有宰相府中书省，地方上也应该有同样的机关，于是在各地设立了宰相府的派出机构，即"行中书省"。"行"就是不同于本部的派出机关，比如"行宫""行在"，行中书省简称"行省"，进一步简称就是"省"。

这也反映出当时的中国内部存在多种多样的形态。虽然建立起统一政权，推行了统合的制度，但仍需要应对多样化的状况。既然设立了与中央对等、作为其替身的派出机关,自然是为了临机应变处理事务。于是,中央的省和地方的省,其长官都掌握着军政和民政,建立起自己的官衙,拥有很大的裁量权。

然而,这就如同在天子和百姓之间形成了巨大的中间层,或者说是掺杂物。13世纪后期的治安恶化和群雄割据,也可以看作借着天子号令不行和政府组织的现状而趁机发难。

至少明太祖是这样认为的,他本身在称帝前的1356年以南京作为根据地独立时,就曾自任"江南行中书省"长官推行统治。有了亲身的经历,就更不能重蹈覆辙了。

明太祖在群雄割据中脱颖而出,以官僚直属化和社会直辖化作为自己的目标,眼前的情况是绝对不能容忍的,中央和地方的中书省都必须废除。话虽如此,长期稳定的既有制度不可能毫无理由地突然废止,必须具备相应的理由和手续。于是,明太祖采取的手段就是制造冤狱。

二、冤狱事件

"空印案"

地方州县的官衙必须在每年年末向首都汇报财政收支情况,中央财政官衙发挥监察作用,有问题的资料会被驳回,地方需要在修正问题后重新加盖负责人的印章。即便在现代社会中,这也是很常见的手续。

但在当时的中国,对于远离首都的地方而言,这是沉重的负担。取回不完备的资料,经长官确认后加盖印章再重新提交,无论时间上还是经济上都是巨大的消耗。

于是,提交报告资料的一方事先准备了没有填写内容,但已经加盖长官印章的所谓"空印"文书。如此一来,即便报告出现了纰漏,也能够快速便利地进行修正。这在当时几乎是通行的做法,也是蒙古帝国行政松散的象征,因此并没有被视作什么问题。

然而,明太祖却将之视为不正之风。这就是洪武九年(1376)的"空印案","案"在汉语中就是事件的意思。

至今为止默认合规的手续突然就触犯了法令,甚至还有人被判处死刑。类似的事情在古今中国时有发生,"空印案"堪称其中的典型。

不仅是提交资料的官员,与"空印"文书相关的州县乃至上级官衙,甚至是顶端的行中书省,都成了被揭发的对象。只要有负责监察的御史告发,就会立刻遭到处罚。对地方官的弹压持续了半年,大量官员遭到处刑、左迁或罢免,人员的更迭达到数千人之多。

通过大量的人员更迭,与当地权贵相互勾结的地方行政得以整肃,这也是"空印案"的一大目的。但更应注意的不是人而是制度,以此次事件为契机,统领地方的行省遭到了肢解和裁撤。

此后建立起的制度如图4所示。虽然各省的范围和"省"的名称得以保留,但其实质已经发生了重大变化。承宣布政使司掌握民政和财政,简称"布政使",提刑按察使司掌握监察和司法,也就是"按察使",再加上掌管军事的都指挥使,下面是作为地方行政单位的府、州和县。

皇 帝

行中书省（地方制度）　御史台（监察）　大都督府（军政）　中书省（民政）

工部（建设省）　刑部（法务省）　兵部（防卫省）　礼部（外务·文科省）　户部（财务省）　吏部

皇 帝

各省　监察　军政　民政

按察使司（监察·司法）　布政使司（民政·财政）　都指挥使司（军政）

都察院

左都御史　右都御史

中军都督府　右军都督府　左军都督府　后军都督府　前军都督府

工部　刑部　兵部　礼部　户部　吏部

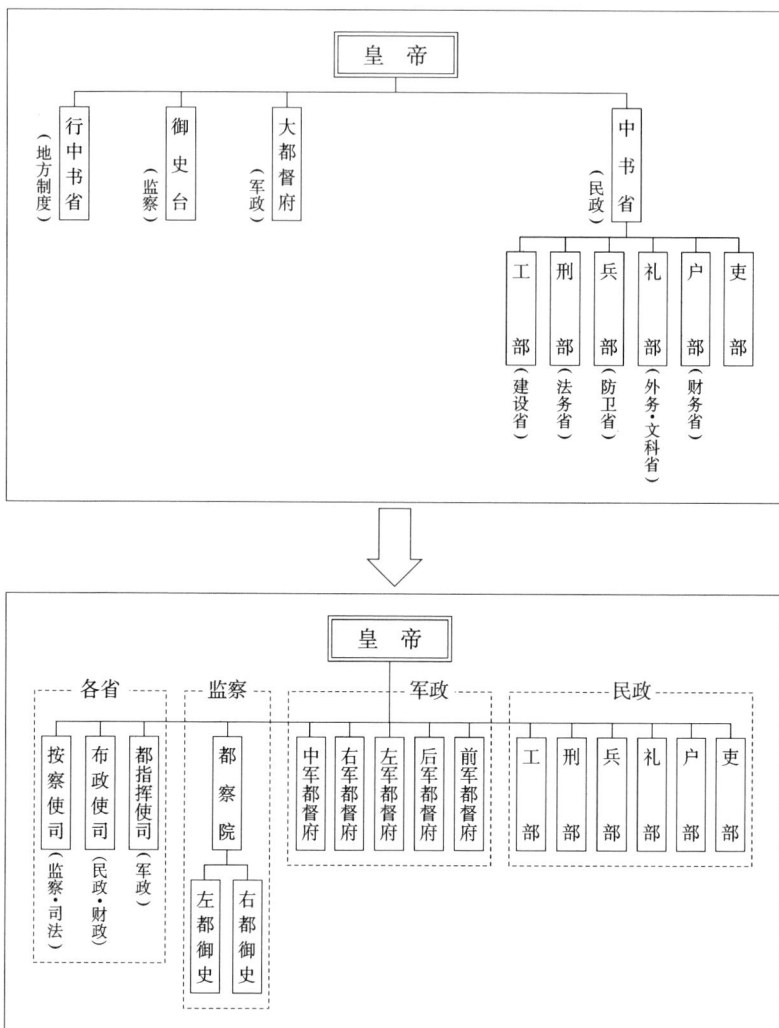

图 4　明代的行政机构

布政使也好,按察使也好,都指挥使也好,都不能掌握各省的全部权力,而是分担民政、司法和军事。若要问是谁取代了此前统辖全局的行中书省,答案自然就是中央的皇帝。这一事件充分反映出将地方事务改为由皇帝直辖的意图。

"胡蓝之狱"

明太祖的治世中常常将某个事件作为制度变革的契机,这已经成为一种模式。其中的典型也是最著名的事件,就是"空印案"五年之后的胡惟庸案。

中国学界一般称为"胡蓝之狱",这是明朝历史上典型的冤狱事件。"胡"是指宰相胡惟庸,"蓝"是指将军蓝玉,他们都是太祖创业时期的功臣。

汉语讲究对仗,经常将具有代表性的两人作为一对,以此指代全部。以19世纪的历史为例,太平天国称为"洪杨",戊戌变法称为"康梁",前者是指洪秀全和杨秀清,后者则是康有为和梁启超,这不仅是指太平天国和变法派的首领,也指代整个事件。当然,如果细究起来,用于命名的两人从性格到作用都各不相同,实际并不适合组成一对。

"胡蓝"也是一样,两人都是太祖创业时期的功臣。虽然用这个词总称对人们的镇压和处刑事件,但其实"胡"和"蓝"的共同点也就仅此而已。

朱元璋是一个很难把握的人物,甚至连他的长相也不清楚。有两幅截然不同的画像都被传为朱元璋的肖像(图5),但也可能两张

图 5　朱元璋

都不是他真正的长相。后世有人评论说,朱元璋兼具"圣贤"和"盗贼"的性格(赵翼《廿二史札记》卷三六"明祖以不嗜杀得天下"),这一点或许可以从图像上得到佐证。

总之,朱元璋有着多面的性格,双重甚至三重的人格。另一方面,他又善于用人,统领众多的文臣武将各自发挥才能,中国历史上能够赢到最后的英雄大抵都是如此。

随着势力扩大,跟随的部下也就成了创业的功臣。但是他们的结果如何呢？常言道:"狡兔死,走狗烹。"创业完成后外无强敌,曾经有能力的部下功臣反而成了政权安定的障碍。这就是权力,古今中外莫不如此。因此,特别是王朝的创始人不得不弹压他的功臣,汉高祖和《三国志》里的曹操都不例外。

这种将功臣一扫而空的行为,也可以统称"胡蓝之狱"。但如果站在明太祖的立场上,看法可能会稍有不同,至少胡惟庸的情况与其他功臣是不一样的。

何谓明代

政府的改组

胡惟庸和太祖几乎算是老乡,创业时期患难与共,明朝建立后长期在中央政府担任中书省宰相,可谓朝廷里的头号人物。胡惟庸伶俐狡诈又圆滑老练,而且权力欲旺盛,一门心思扩大自己的权势。在此前的"空印案"中,他不遗余力地弹压地方的官员。对于已经成为君主的明太祖,胡惟庸还是待以从前的态度,不难想象其专横的嘴脸。

洪武十三年正月初二(1380年2月8日),胡惟庸突然遭到逮捕,罪状是"谋反"、私通外敌日本和蒙古、意图颠覆政权。他本人也承认这些罪状,四天之后就被处死。

这些公布的罪状肯定不是事实。当然,胡惟庸本身就是专横的恶人,能否适任宰相值得怀疑,令人不齿的地方也有很多。但是,意图"谋反"就是另一个问题了。

胡惟庸被处决后第二天即正月初七,朝廷就宣布废止中书省宰相。这完全是晴天霹雳般的通告,但由此太祖的目标也昭然若揭了,处置胡惟庸只是借口,真正的目的是要连同他掌管的中央宰相府一起埋葬。

由此产生的制度如上文图4所示,和地方制度正好形成呼应。中央的"政务分担机关"是相当于日本各省厅的六部,它们直接从属于皇帝。能够统辖政务,手握全部大权的只有皇帝。

不难看出,"胡惟庸案"与"空印案"一样,都是意图将政府机构改造成直属于皇帝的形式。如果以平常的手段推行,势必因利益错综而引发激烈的抵抗,但如果是以解决谋反事件的形式,就能一举达成改革的目的。

与胡惟庸同时被处决的还有御史大夫陈宁,两人曾一同主导了"空印案"。御史大夫是主管监察、弹劾官员的御史台长官,把性格刻薄的陈宁安排到这个位子上的人正是胡惟庸。以"空印案"为起点,两人掌握政务和监察之权专横无比。

陈宁被处决两年后,御史台也被废除,代替的官衙称为都察院。从属于皇帝的同时,都察院又进一步加强了监察功能,由此也可以看出明太祖改组中央政府、实现皇帝直辖化的意图。

连坐与镇压地主

此次事件的牺牲品不只是作为祸首被处决的胡惟庸和陈宁,政治事件还常常伴随着连坐。

尽管如此也很不寻常,因为"胡惟庸案"而连坐的"胡党",也就是被贴上"胡惟庸同党"标签的人们陆续遭到揭发和处刑,其数量不是几人或几十人,而是达到了一万五千人之多。

中国有宗族的概念,他们由同一祖先的血缘构成,一个宗族就能构成一个聚落,如果刨根究底作为连坐的对象,数字当然非常庞大。如果不是这样,就是处罚的范围不断扩大。无论哪种情况,都可见对"胡党"的追查十分彻底。

历史上的英雄和当权者几乎都是杀人狂。特别是在中国,甚至可以说杀人最多者就是最强的君主。因此,杀戮不只是权力欲和刻薄残忍的产物,也必定与权力和体制构造有所关联。

功臣、官僚、权贵，几乎无一例外都是富裕阶层。明太祖从社会底层崛起，当时的方针政策也意图使权力和社会直接相连、民间直接从属于皇帝。如此，拥有众多仆从和佃农的地主以及地主出身的官僚，就成了巨大的障碍。

在生产力先进、大土地所有制发达的江南，这样的人尤其多。明朝在南京建国，政权内部自然包含着许多江南的权贵和地主，他们的代表就是位高权重的功臣。也正因如此，檀上宽将建立初期的明朝定义为"南人政权"（檀上1995、2012、2020〔1994〕）。

于是，改造"南人政权"成了无可回避的政治课题。先给功臣罗织罪名，然后将他们的亲族一网打尽，这是巩固政权和排除江南权贵集团最有效的捷径。

三、南与北

诸王分封

就这样，明太祖在中央和地方都废除了中书省，分担政务的机关直接与皇帝相连。它们各自上传问题，又各自下达命令，完全变为由皇帝主导的体制。可以说，中央和地方上都形成了直属于皇帝的政体。

当然，所谓的直辖化多半只是名义上，现实中不可能真正实行。在偏远的地方，只有设立派出机关才能处理事务；中央也是一样，如果没有辅佐自己的机关，负担就会异常沉重，完全不是皇帝一个人所能够处理的。

即便是精力旺盛的明太祖也不例外，无论中央还是地方，都需要有皇帝的替身，或者是值得信赖的代理人。

据说，明太祖屠杀功臣是效仿汉高祖（赵翼《廿二史札记》卷三二"明祖行事多仿汉高"）。当然，时代相隔千年以上，各自的立场、条件和意图也不可能完全相同。但权力是人类社会最原始的产物之一，其本质从古至今都没有太大变化，因而可以视作权力的自然现象。

为了巩固权力、建立安定的政权，就必须制定措施剪除有权势的部下和功臣。一旦疏忽大意或是错过时机会如何呢？日本史上的本能寺之变[1]就是明证，并不限于中国史的汉高祖和明太祖。

明太祖对汉高祖的模仿不只是屠杀功臣。汉高祖曾留下"非刘氏不得称王"的遗诏，将同姓族人分封到原本功臣的领土上，并且世袭王位。这也意味着把地方的统治权委任给了将对己忠诚、对自身地位权力没有野心的子弟。

明太祖也沿袭了这一做法，将子孙任命为地方上的诸王，这就是"诸子分封"。与汉高祖不同的是，明代分封与肃清功臣没有直接的关联。但在地方统合这一点上，则是古今相通的。

与汉代一样，明代的功臣大多都是武将，建国之初在维持地方治安和安全保障上发挥了重要作用。但是，这一功能逐渐被拥有地方兵权的行中书省替代，后来行中书省也被废除。洪武十一年

---

[1] 本能寺之变：日本天正十年(1582)六月，织田信长的得力部下明智光秀突然起兵反叛，杀害了下榻京都本能寺的主君信长，此时距离织田信长统一全国仅一步之遥。

（1378），早已受封的诸王到当地赴任，承担起了地方上的军政大权。

出于与蒙古对峙的需要，特别拥有统辖和裁量权力的是长城沿线的诸王，也就是"塞王"。"塞"在汉语中就是指万里长城，其附近的交通要地就是大元国的首都大都，即明初的"北平"。驻扎当地的塞王是太祖的四子朱棣，也称为燕王，其气量才干很早就受到瞩目。

总之，诸王分封意味着统辖地方上的军务，替代了被抹杀的功臣和遭到裁撤的行中书省。太祖在位时期，诸王都是他的子孙，不会产生反叛的危险。但这样的条件并非永久有效，最终还是酿成了悲剧。

天下私有

需要整合的不仅是长城沿线之地，天子脚下的中央政府更是如此。中央也需要代替宰相的存在，那就是被视为太祖继承人的皇后嫡子——皇太子。

太子讳朱标，也称为懿文太子，据说他性情稳重温和，与刻薄寡恩的父亲性格不合。但是对于父亲交托的任务，太子总能够顺利完成，至少没有出现过危及地位的失态行为。

身为皇太子，他必须为将来的即位做好准备，因此需要在首都辅佐皇帝。结合地方上的情况来看，明太祖的构想就更加清晰了。

诸王是太祖的儿子，也是皇太子的弟弟。换言之，中央和地方的统合都由太祖的子孙们完成。中书省等正式机关消失以后，代替它们的就是皇太子、诸王等太祖本身的血缘，确切地说是父子关系。

官僚组成的宰相府不足以信任，于是就用私人关系替代。明太祖是否清楚地意识到这一点，从史料中无法得到证实，但事态的发展就是如此。

洪武十三年（1380）与中书省一同遭到否定的宰相胡惟庸曾经"（上奏）先取视之，有病己者，辄匿不闻"（《明太祖实录》卷一二九，洪武十三年正月甲午）。在此之前，皇太子又曾奉命内览所有的上奏文书（《明太祖实录》卷一一三，洪武十年六月丙寅）。两条记录的内容存在重复和矛盾，应当可以理解为胡惟庸死后，被废除的中书省宰相的职能归属于皇太子。

像明朝这般不信任官僚，对其冷淡刻薄的政权，在中国历史上也是少见的。明朝官员拿着史上最低的俸禄，面对不断强化的监察机构和频繁的弹劾处罚，处境极其惨淡。中国的官僚制度很早就已发达，弊害也不断显现，与其并行发展的就是防止弊端的措施。当然，明朝官僚的姿态和资质也确实不敢恭维，亟须改善和矫正。

即便如此，明太祖的做法也很不寻常。他把官僚制度本身视作自己的敌人，通过打压其地位来确立皇帝的绝对权力。这种堪称"绝对帝政""绝对帝制"，甚至于"专制统治"的体制（三田村1991、2000，檀上1995），建立在对官僚组织和制度的极度不信任之上。那么，能够替代官僚制度的就只有以君主个人血缘为代表的私人关系了。

总之，太祖以社会直辖和直属作为目标，他所能够依赖的只有自己的血缘。社会统治成为一家私有，天下也成了私属之物，这正是明朝的体制原理。

南北一体

尽管如此，一君万民和社会均质化的统治目标应当是毋庸置疑的。如前文所说，其中的障碍就是民间的富裕阶层和权贵。

当时，生产力最高、最为富裕且权贵最多的地方，就是江南的苏州地区。这里也是朱元璋即位前的对手张士诚的根据地，因此在打倒张士诚后，朱元璋对当地进行了残酷的镇压，权贵大多被处死，富裕阶层遭到强制迁徙。但这样似乎还是不够。

不仅是苏州，当时江南和南方的经济实力远在华北和北方之上，富裕阶层自然也是南方居多。这些权贵的代表就是政府官员，如果让他们统治南方，就会与当地权贵相互勾结、中饱私囊，产生一系列的危害。

于是，明朝设计了种种对策。比如洪武初期的1371年，制定了北方官僚治理南方、南方官僚治理北方的所谓"南北更调"制度。此后由于南方资金充足且文化先进，科举合格的都是南方人，因而又限制了南方合格者的比例。

以上措施的基本理念只有一个，那就是"中华统一"。"中华"是相对于"外夷"设定的，作为中华的汉人居住区理应是统一的、一元化的。

蒙古帝国曾经用不同的方法统治北方的中原和南方的江南，并设立行中书省，对地方事务进行零散的管辖。明太祖试图从根本上改变这种局面，实现南北统合和全国均质，对各地进行统一的治理。这就是朱元璋政权的目标，所有政策的指向都是为了南北间的均质化。

南方是经济先进地区,因为富裕而容易独立。北方的存在对于南方而言并非必须,江南与北方也没有太多的联系,很可能形成自我完备的政权,那就违背了明朝"中华统一"的意识形态和理念。对于发轫于南人政权的明朝,朱元璋常常抱有这样的危机感。反过来说,中国各地的多元化和南北分离,已经发展到了令朱元璋如此紧张的地步。

迁都计划

通过冤狱事件,功臣和南方人遭到镇压,这也是为了防止明朝成为南方人的政权。通过削弱南方,南北差距得以缩小,如此更便于统合。这当然会引来江南人的反抗,得不到他们的支持。为此,明太祖意图将朝廷和政府从现有的首都应天府(今南京)迁出。

迁都是大工程,几乎无一例外伴随着重大的政治意义,而明朝的情况还关系到政权本身的存在形式。基于南北均质这一立国精神和方针,迁都无论如何必须提上日程。为了摆脱南人政权、统治包含北方在内的中国全境,必须将权力安置在北方,建立起从北方统治南方先进地区的体制。

那么,要将都城迁往哪里呢? 可以作为候选的地点是西安。至于为什么选择西安,并不十分清楚,可能是以历史上的王朝作为范本。从上述"恢复衣冠之制"的诏书中也能够看到,明人标榜的范本是"唐制",所以古都西安作为迁都地点是比较合适的。

太祖自身年事已高,在位期间也无法离开都城,因此派遣了如同宰相的懿文太子前往西安考察。时值洪武二十四年(1391)八月,将来随着皇太子继位,都城也将正式迁往西安。

　　然而,懿文太子却在洪武二十五年(1392)四月去世了,享年38岁。痛失嫡子的太祖当时是65岁,如果顺利的话,皇太子本应很快继承他的地位。对于太祖和整个明朝,太子之死都是沉重的打击。

　　与此同时,由懿文太子推动的迁都计划也随之石沉大海。迁都本应成为明朝摆脱南人政权、实现南北一体的收官之作,如今却遭受了重大挫折。朱元璋在位期间逐步绘制的体制蓝图,在此不得不面临大幅的修正。

第 3 章

从南京到北京

一、建文政权

太祖的目标

如上所述,朱元璋在建立明朝后致力于对社会的直接掌握。从政体的角度来说,那就是"绝对帝制""绝对帝政",或曰"专制统治"的形成。术语不同是因为着眼点不同,但在君主权力绝对化这一现象上是没有区别的。

明初政治史的特点就是冤狱事件,特别是对功臣和权贵官僚的弹压和处刑。这甚至可以看作随机性的事件,表现出强烈的嗜杀性。那么,这些事真的非做不可吗? 在单纯的丑闻、背叛和屠杀背后,是否还隐藏着真正的目标?

确实,每个事件背后都有各自的情况,不能一概而论。但明太祖借助每个事件达成的目标似乎都是一致的,那就是构筑起由君主直接掌握民间社会的体制。可以说,整个洪武治世都在朝着这个方向发展。

"南人政权"及其归宿

如果这样理解明太祖的目标,那么与冤狱事件形式不同却密切相关的就是首都选址问题。如上所述,明朝的建立以江南作为基础,又将都城定在南京,其政权成员必然以江南人居多。

江南是中国最富庶的地区,地主、权贵和资产家都很多,明朝也是在这些人的支持下建立起来的,因此可以称为"南人政权"。但是,这绝非太祖的本意。

地主和权贵必然有私属的佃农和仆从,由这些人构成的"南人政权"必然会包庇亲戚四邻的权贵之家,政权也将朝着维护他们利益的方向发展。那么,太祖直接掌握社会的目标就难以实现了。

换言之,明朝政权本身包含着结构性的矛盾。它虽作为"南人政权"起步,但若长期维持"南人政权"就无法贯彻自己的方针。至少明太祖是这样认为的。

可以说,14世纪后期的治世就是为了消解这个矛盾,过程中伴随着无数的问题,引发了数不清的冤狱和杀戮。如果继续维持"南人政权",则迟早会与江南富裕阶层勾结,进而葬身其中。迁都计划就是在这样的危机感下,抱着消解矛盾的目标出台的。

那要把首都定在哪里来治理中国呢?这在中国史上的任何朝代都是大问题。既然为了否定"南人政权",就必须采用从北方统治南方的形式。于是,将首都从南京迁往北方的计划得以推进。

然而,太祖委以迁都重任、指定为继承者的皇太子先行去世了。皇太子一手操办的迁都事业,也由此石沉大海。

年迈的太祖已经没有精力重新计划和实施迁都了。尽管他把后事交托给了皇太子的嫡子，但皇太孙还只有16岁，光是为了即将到来的传位而巩固政权，就已经筋疲力尽了。

"胡蓝之狱"之一、发生在第二年的"蓝玉案"就是典型的事件。上文已经提到，蓝玉是明朝创业时期的功臣，名将的声望很高，因而有可能成为皇太孙新政权的威胁。也许是迁都失败后，明太祖需要弥补无法摆脱南人政权的失意，总之此次杀戮的规模不亚于从前，连坐者达到了一万五千余人。

"南人政权"的复活

五年后的洪武三十一年（1398）闰五月，明太祖驾崩，享年71岁。他的晚年不仅失去了妻子，还屠戮了众多友人和功臣，想必是无比的孤独寂寞。作为个人，他的一生绝称不上幸福，但是作为专制统治的君主，他的任务姑且算是完成了。

皇太孙如期继位，当时只有22岁。翌年改元建文，时值1399年。多灾多难的14世纪，至此终于落下帷幕。

新政权顺利起步了，那么明太祖所设定的政权方针和体制是否得以继承呢？这成了今后的问题。

如果先说结论，那就是建文朝并不是太祖的合格继承者，至少它没有延续太祖的体制构想和基本政策。与其说继承，不如说是断绝了。

太祖的目标是改造"南人政权"，其中的最后一步就是皇位更迭和迁都，但终究没能完成。建文朝的首都当然还在南京，主导政权

的仍是南方人。太祖之所以多次发动杀
戮,是为了在巩固政权的同时,压制日益成
为特权阶层的南方人。从南京迁都,也是
为了防止权力落入南方人和江南权贵阶层
之手。

在建文朝,太祖所否定的事物都开始
复活了。建文帝的具体政策方针并不清
楚,但他修正了压制南方人的方针,这一点
没有疑问。

图6 建文帝

单从"建文"这一年号,或许就能读出修正"洪武"的意向。继承
"洪大的武功",进而"建立文治"。眼前已是不需要武力的文治时代
了,其表现之一就是奖励儒学。

方孝孺是当代儒生的代表,也是遭到太祖压制的浙江学派和人
脉的代表。他在建文帝继位后不久就应召入朝,以儒学理念整顿政
治制度。由此也能看出建文政权的基本态势。

塞王的存在

如果是这样,那么建文朝就是以违背太祖本意和制度设计的形
式实现政权起步的。事实恐怕也是如此,但具体情况不得而知,因
为史料过于有限,就连方孝孺在政权中的位置也不清楚。史料匮乏
的原因在于建文朝很快被推翻,这一时期几乎从明朝历史上抹
去了。

建文朝相对明确的重要政策就是废除塞王,汉语称为"削藩"。

这一政策成为建文朝中断的契机,也影响了明朝本身的命运。

所谓"塞王",就是明太祖在长城沿线封王的儿子们,一定程度上掌握着军队的指挥权。毋庸赘言,这是为了对抗从大都退回草原后仍保有相当实力的蒙古的威胁。

塞王的存在本身就是明太祖制度设计的一环,它消解了蒙古帝国将裁量权分别交给中央政府和地方当局的做法。在正式官制中,中央和地方的政务机构都直属于皇帝,中央有代替中书省的皇太子,地方有代替行中书省的兄弟诸王。明太祖通过自己的儿子们,实现了对中央和地方的直接掌控。特别是负责边境防卫的塞王,本身就是重要的势力。

太祖在位时并不会出现问题,因为他既是王朝政权的创立者,也是不世出的专制君主。诸王都是自己的儿子,忠诚无须置疑。

但太祖以后就另当别论了。如果皇太子顺利继位,诸王都是他的兄弟,同代兄弟其实也是竞争对手,则关系恐怕不如前代。当然,皇太子情况还算好的,至少他在中央确立了稳固的地位。

然而,皇太子先于太祖去世了。对于新继位的皇太孙建文帝来说,诸王都是年长的叔父。他们与朝廷的关系非但不再亲密,反而越加疏远。作为政治家,比自己经验丰富的亲族不如说是皇权的潜在威胁。站在新皇帝的立场上,这样的想法不是没有道理。

二、永乐帝

目标是燕王

塞王之中，最位高权重的要数太祖的四子燕王朱棣。在太祖诸子中，据说燕王的资质和才干首屈一指，因此分封到了最重要的地方——曾经蒙古帝国的首都北平。尽管可能遭到篡改而无法完全相信，燕王的活跃曾被其父称赞为"朕无北顾之忧矣"（《明太祖实录》卷二〇一，洪武二十三年闰四月癸亥朔）。

对于建文政权而言，以燕王为首的塞王是可能凌驾于自己之上的威胁，中央政权的动荡也起因于此。反过来讲，只要除去塞王，政权就能够稳定。这是建文帝一厢情愿、恐怕也毫无依据的想法。

说起来，分封到地方的皇室成员起兵反抗中央君主，这在中国历史上是十分常见的模式，明朝以后也一再发生。此次，建文朝廷将诸王比作公元前2世纪汉代的吴楚七国。

公元前3世纪末，建立汉王朝的刘邦在肃清功臣之后，将自己的儿子和亲属分封到各地，据说这是吸取了秦始皇建立中央集权和统一政治的教训。其中最为富有的，就是远离中央政府的南方吴、楚两国。几代之后，他们对于中央政府愈发疏远，关系也越来越险恶，最终发动了叛乱。西汉中央政府在镇压叛乱后，终于树立起了威信，实现了国内的安定。

包括建文帝本人，辅佐他的南方官僚和政要几乎都把诸王比作吴楚七国。无论是否主张将削藩作为眼前的政策,这一点多少都是相通的。

但从史实来说,汉代的吴楚七国之乱是在分封很久之后发生的。诸王嚣张跋扈,叛意昭然若揭,这才引发了战争。建文帝继位时日尚浅,很快就着手削藩,两者是不能同日而语的。无论是提拔方孝孺还是削藩,建文政权都表现出急躁的特点。

在诸王之中,被视为汉代吴楚般最强塞王的,自然就是燕王。不过,建文政权的方针起初并不指向燕王本人,而是先削去了围绕他周边的塞王,最后才来解决燕王。这大概是扫平周边的策略。

"靖难之变"

然而,建文政权的急躁特性和扫平周边的策略并没有产生效果。从燕王的角度来说,坐以待毙不如孤注一掷,先下手为强。于是,燕王起兵了。

时值 1399 年,史称"靖难之变"。燕王举兵打着"靖君主之难"的旗号,因为在《皇明祖训》(明太祖留给子孙的训示)里有这样一节:当天子遭受困扰时,诸王有义务为其靖难。于是,燕王将遵奉太祖遗训作为旗帜。即便如此,这依然是对正统政权的反叛,燕王的处境相当不利。

在建文帝一方,面对自己的叔父终究也有顾虑,加上有能力的大臣和将军都在前代遭到了肃清,真正能够辅佐君王的人才严重不足。

战斗历经曲折、相持不下,双方都颇费踌躇,迟迟无法进入决战。最后经过激烈的战斗,燕王终于压制了首都南京。宫殿在大火中化为灰烬,建文帝本人也不知去向。

因此,"靖难之变"留下很多后话,相关史料也有不少。特别是没找到建文帝的遗骸,这对于燕王来说十分不利,此后长期令燕王苦恼。甚至有传闻说,建文帝逃出生天了。一代文豪幸田露伴还曾创作小说《命运》[1],类似流浪贵族的故事在日本也广为人知。

然而,站在历史学的角度上,作为皇帝的建文帝及其所起的历史作用,至此已经结束了,他个人的情况是无足轻重的。老实说,连建文年间当时都弄不清楚的事,后世又有什么可执着的呢? 建文朝的历史记录遭到湮灭和篡改,已经很难知道真相了。直到今天,我们依然难以正确把握。

如此,"靖难之变"不仅抹杀了建文帝的肉体和地位,连有关他的记录也被彻底抹去。有明一代,建文的年号都不被正式承认,实际的建文年间在记录中仍然是"洪武"。即便在明太祖驾崩后,依然使用他的年号,这就叫作"革除"。当然建文帝也没有谥号,仿佛不曾存在一样。直到明朝灭亡后的清朝,人们终于认识到他的存在,追赠了"惠帝"的谥号。

"篡夺"

建文政权灭亡于1402年,15世纪在血腥内乱和政权交替中拉开

---

[1] 幸田露伴(1867—1947):近代日本著名小说家,与尾崎红叶、坪内逍遥、森鸥外等人齐名,代表作有《五重塔》《命运》等。小说《命运》前半段忠实还原了从建文帝登基到燕王夺位的史实,后半段则根据传说描绘了建文帝弃城逃走后的坎坷一生。

帷幕。燕王势力取代了建文政权,这是不可动摇的事实。新政权为了稳定政局,必须使自己的统治正当化和正统化。

既然建文帝已经被消灭,天子不在了,那就只能亲自登上皇位,这是燕王的宿命。然而,燕王只是在战争中取胜,既然接收了南京旧政权,就必须组织起新的政府。怎样处置旧政权的成员,是摆在眼前的重大问题。

如果建文政权的残党支持燕王即位,那么政权的过渡或许能够顺利进行。燕王本人恐怕也不愿意把事情闹大,至少他最初是打算平稳行事的。

但事与愿违,建文旧臣的抵抗异常激烈,这是燕王完全没有料到的。旧臣们的代表,就是以方孝孺为中心的儒生集团。

儒学的教义是重文轻武,武力本身就遭到忌讳,更何况是臣下以武力夺取政权,这是破坏文武、上下、尊卑秩序的行为,绝对不能接受。

方孝孺也确实是一位铁骨铮铮的儒生,燕王曾恳请他宣扬自己的胜利,帮助起草即位的诏书,但方孝孺只以"燕贼篡位"四个大字作为回应。

这可以说是建文政权的一致答复。客观上讲,燕王篡夺皇位是无可置疑的事实,但不能公开说出来。方孝孺在行动之前想必也做好了觉悟,清楚表明自己是不会与篡位者合作的。

方孝孺被处死,他的亲人和门徒都因连坐被杀,南京政权的权势者就这样为建文帝殉葬了。根据当年的干支,此次屠杀被称为"壬午殉难",由于像顺着藤蔓将瓜果一网打尽一般,所以也称为"瓜蔓抄"。

"瓜蔓抄"原本是形容其他事件的[1]，但"壬午殉难"特别是方孝孺之死过于惨烈，使得这个词语更加广为人知。这也是面对野蛮残忍的燕王，知识分子最低限度的抵抗。

燕王新政权只能以这样的形式与南京建文政权诀别，同时也背负上方孝孺等人所指责的"篡位"恶名。燕王成了永乐帝，永乐政权不得不将洗刷恶名作为终身的课题。

图7　永乐帝

政权交替的意义

永乐政权的首要任务就是宣示正统，强调永乐帝本人才是父亲明太祖的合法继承人。即便相比于早逝的懿文太子，作为四子的自己也更适合成为继承者，更何况皇太子去世后南京政权的存在成了障碍，自己只是拨乱反正而已，这就是永乐帝的说辞。包括塞王时期的优秀事迹，类似的宣传记录一直流传至今，这无疑是当时政治需要的产物。

---

[1] "瓜蔓抄"：原本特指御史大夫景清试图刺杀永乐帝，事败后自身遭到磔刑，家人全部被处死，连乡亲邻居也受到株连的事件，后用于泛指永乐帝屠杀建文朝遗臣的惨烈过程。

当然，建文帝继承正统、永乐帝是篡位者的事实无法抹去。建文帝有他的时代，因为他的存在和政策引发了"靖难之变"，这是不可动摇的现实。但也正因为如此，太祖政权和洪武政治的继承成了问题。

这样看来，永乐政权不能停留于宣传。从客观大势而言，谁以怎样的方式继承政权并不是大问题，重要的是体制的理念、政策的方针、政治的手法，乃至如何引导明朝本身的发展。这些才是关系到历史脉络的问题，"靖难之变"也必须从同样的角度进行考察。

从这一角度来说，无论其本人是否意识到，永乐帝确实就如他所宣传的那样，是太祖的合格继承者。太祖朱元璋虽起于江南，建立起南人政权，但他也认识到作为南人政权无法统治整个中国，因而将摆脱和超越视为终身的课题，这就是所谓政权的结构性矛盾。直至太祖驾崩，这样的矛盾也没有完全克服。作为其结果起步的就是建文朝，尽管十分短暂，但在复活南人政权上意义突出。换言之，从正面强行突破明朝政权结构性矛盾的正是"靖难之变"。

长城以外还有强大的蒙古势力，"靖难之变"是用与其对峙的北方军事力量压制和统治了南方。太祖朱元璋所期望的由北向南的统治政体，竟然是通过儿子的叛乱和篡夺达成的。

站在太祖朱元璋的立场来看，自身期待的政权方针不知不觉出现了偏离，至此才终于得到修正。"靖难之变"的历史意义恐怕就在此处。

永乐帝的"壬午殉难"和"瓜蔓抄"或许也是一样。如前文所说，太祖多次发动冤狱事件，屠杀政权中的功臣、权贵和他们的关联者。

他的目的不只是杀戮和嗜虐，也是对自己建立的南人政权本身的弹压和否定。那么，永乐帝的"瓜蔓抄"就是更直接打倒和否定南人政权的产物，完全是太祖冤狱事件和屠杀的翻版。比起正统的建文帝，永乐帝更有资格作为太祖的继承者。

三、完 成

迁都北京

如此看来，"靖难之变"有着将整个明朝历史贯穿起来的意义。那么，另一件太祖未能完成的事业，也就是意在改造南人政权的迁都又如何呢？

迁都与皇太子的继承问题相联，当太祖将皇位传给下一代时，都城也应从南京迁往北方。由此而言，南京的建文政权表现出强烈的断裂性。

皇太子在世时，迁都的目标是西安。尽管西安是古都，明朝也以唐朝作为范本，但很难说将首都选在内陆山间是明智的做法。当然，在太祖开始构筑体制的14世纪后期，它仍有一定的合理性。

面对主要敌人蒙古有诸王分封的塞王，长城沿线保持着防御态势，皇帝不一定要像太祖那样亲自上前线指挥军队。由于推行实物主义，军队和官僚不需要待在交通便利的地方。这一点与宋朝的情况有所不同，北宋以军队的中央集权化和募兵制作为前提，首都无法离开经济和交通的中心开封。

但在经过"靖难之变"后,这样的合理性不复存在。诸王分封和塞王的防御态势早已被建文政权破坏殆尽,永乐帝即位后也没有完全恢复到旧的制度。不如说,皇帝及中央政府继承和吸收了塞王的任务及功能。

那么,迁都就是必然的,但目标不可能是西安。选择防御的中心,也就是燕王本身的根据地北平,在主客观上都是极为自然的。此后,北平改名为北京,除了南京国民政府时期外,这个名称一直延续到现在。

正式迁都北京是在1421年,但迁都大业从永乐帝继位时就已经开始。太祖所规划的由北向南的统治事业,至此终于达成了。

雄才大略?

如上所说,永乐帝是太祖的忠实继承者。除了迁都和对南人政权的否定,以及建立从北向南统治体制的框架外,对于太祖制定的具体方针也几乎不加变动地沿袭下来。

假如反过来问,永乐时期有哪些新的制度和政策,那就只能从否定的角度去把握。不仅是永乐,此后的明朝一直保持着这种态势,也就是对"祖法"的尊崇。这可以说是理所当然,但对于理解明朝却是主干式的论点,必须加以重视。

那么,永乐帝是不是毫无个性的君主呢?也并非如此。毋宁说在世间的评论中,永乐帝改变了太祖的施政方针,那就是对外政策相比于洪武年间发生了巨大的变化。

具体来说,包括对蒙古发动攻击、吞并安南使之内地化、郑和远航等,通过贯彻积极的对外政策,明朝的版图达到了极盛。特别是进攻蒙古,永乐帝亲自率领军队前往征讨。虽然中原王朝与蒙古间的战争反复不断,但都是以臣下作为将军,皇帝亲征戈壁以北的蒙古高原,这在中国历史上没有先例。能够与之相提并论的,只有两百五十年后康熙帝的亲征。

明太祖在对外方针上极为消极,他还列出了不以武力征伐的"不征之国",日本也在其中,这也是尽可能规避对外交涉和纷争的必然结果。对于建国时曾经交战、此后也持续对峙的蒙古,明朝没有将其列入"不征之国",还设计了塞王等措施。但总体来讲,明朝依然是防卫的态势。

至于永乐帝,则是从消极防御转向了积极进攻。在亲征蒙古的过程中,他五次出击戈壁以北的蒙古高原,三次对敌人的根据地发动进攻,史称"五出三犁",是彪炳史册的事迹。将永乐帝称为雄才大略的天子并不为过,只是其中还有值得探讨的地方。

从生态角度而言,万里长城沿线是农耕和游牧的分界线,但这一边界并没有起到分隔的作用。尽管有山,但基本上通行无阻,尤其是北京周边的平原,只要有马就能够轻易出入。反过来说,也正因为如此才需要长城这样的屏障。明太祖也是为了北方的安全,不得不设置塞王。

永乐帝本是燕王,也是塞王之一,继位后依然承担着北方的安全保障。但他不再是站在燕王的立场上,而是以天子和中央政府的身份。

为了确保周边的安全,就必须确保长城以北一带,用今天的地理概念就是内蒙古地区。永乐帝确实做到了,但反过来说,这样也就足够了。然而,永乐帝不仅进攻蒙古,还干涉西部的瓦剌,其反复亲征的动机让人难以理解。

有学者提出,包括迁都北京在内,永乐帝的政策是向忽必烈时代的"回归",其目标就是如同蒙古帝国般统合整个东亚(宫崎1992〔1969〕)。这一观点值得重新探讨。

郑和远航

这里需要同时考察的是著名的郑和远航。远航也发生在永乐年间,作为中国历史上罕见的政府海洋事业而享有盛名。包括永乐以后共有七次远航,大型船队从东南亚经由印度洋,一路到达阿拉伯半岛和非洲沿岸。

这似乎是对太祖方针的一大转变。如后文所说,太祖推行严厉的海禁,"寸板不得下海",仅从永乐帝的行动来看确实如此。船队经过何处、访问何处,留下了大量的史料,事迹基本是清晰的,但远航的手段和目的又是什么呢?

郑和是永乐时期的宦官,也是穆斯林。他的远航路线与蒙古时代频繁往来的印度洋航路无疑是一致的。蒙古帝国曾利用穆斯林开拓的印度洋航路开展海洋事业,郑和远航基本上就是沿用了这一航线。

极端而言,郑和远航的目的就是劝说朝贡。通过巨型船队的示威催促各国向明朝朝贡,这也是强化华夷秩序的一环。因此,尽管手段上偏离了海禁政策,但它与太祖设计的体制却并不矛盾。

其实,蒙古方面也是同样的情况。站在永乐帝的立场上,要想对反复无常的蒙古树立威信，就只能不断地发动亲征。这不仅是为了北方的安全保障，也关系到华夷秩序的确立和完成。对于背负着篡位者污点的永乐帝而言，这是十分必要的。尽管积极和消极的态度截然相反，但在令蒙古臣服这一点上，永乐帝和太祖的目标显然是一致的。

结构性矛盾

若要说永乐帝"为达目的不择手段"，这种理解可能过于粗糙，但也不是回归蒙古帝国或忽必烈那么单纯。

在主观上，永乐帝想做太祖的忠实继承者，加上他必须克服篡位者的困境，更需要全面贯彻太祖的方针和体制，并且极力地宣扬出来。这样做的结果就是，永乐帝不可避免推行了太祖本人所忌讳的武力行为和海外发展。

是否可以这样说，明太祖本为否定蒙古而设计的体制，到头来还是"回归"到了蒙古。换言之，太祖的"祖法"本身包含着矛盾，在永乐帝身上就表现为"雄才大略"的个性。但这终究不只是个性的问题，不如说是明朝政权内部的结构性矛盾。

另一个需要指出的问题就是迁都北京。今天的北京起源于蒙古帝国的营建，又经过了永乐帝的加工。如果把万里长城以南视作中国本土，这一首都的位置显然过于偏北。虽然需要重视与蒙古的关系，也符合从北向南统治的要求，但问题是它能否作为首都运营，特别是居住在首都的官僚、军队等纯消费人群的物资供应问题。换言之，漕运就成了关乎生死的重大问题。

所谓漕运,就是将粮食和物资通过水路从江南运往北方,供给首都的政府和军队。自隋炀帝统一南北开凿大运河以来,中国历代都有漕运,水路大多就是指大运河。当然,此时的运河路线与隋炀帝时已经大不相同了。

为了直通大都,蒙古时代对运河进行了改造。不过,蒙古比起大运河更多地使用海运,这是其一大特点。明朝由于推行海禁政策,海运自然无法使用,于是又重新改用大运河。明朝因多次整修大运河,留下了很多史料。

太祖的财政经济政策留待第Ⅱ部详述,其主旨就是自给自足、农本主义和实物主义,尽可能地避免运输和商业。与此同时,太祖理想的政体是由北向南的统治。

然而,这两大方针是无法统一的。首都北京的周边靠近外敌,必然需要大军驻扎,但若要供养官僚和军队,其生产力又过于低下,因此只能仰仗外部供给,物资的输送和漕运必不可少。运输也是交换,其间必定伴随商业行为。

洪武年间没有实现从南京迁都,整体上维持着自给自足和规避商业的方针。但永乐以后,情况就截然不同了。随着迁都北京的实现,大运河和漕运已经不可缺少。为了维持政府的运营,运输和商业无法避免。由于忠实执行太祖的方针,经济政策和政体构想出现了内在的矛盾,这一矛盾迟早会显露出来。

祖法的继承与固定

永乐帝对太祖的模仿不止于此,将政务交托给皇太子也是相通的,这关系到如何将皇帝的继承和辅佐制度化。

当然,洪武和永乐在具体情况上有所不同。太祖时期,将政务委托给皇太子是为了代替宰相,为其将来继承皇位提前做好准备,太祖本身当然是在一旁支持。永乐帝则不同,由于多次亲征蒙古,他离开首都的时候更多,最后在远征途中客死于榆木川,非常具有象征意义。

永乐帝不在都城期间,皇太子作为监国代行皇帝职务。这位皇太子在永乐帝驾崩后即位,就是明仁宗洪熙帝。永乐帝外出远征也好,客死异乡也好,在皇位继承问题上都没有出现混乱。

洪熙帝在位不到一年驾崩,他的儿子也就是永乐帝的孙子继位,即宣宗宣德帝,他和孝宗弘治帝被称为明代首屈一指的明君。到宣德为止的三代都是直系继承,政权终于稳定下来。

图8　洪熙帝

永乐帝发动"靖难之变"和多次对外远征,致使国家疲惫,其子洪熙帝在辅佐父亲的同时,也对他的施政略带批判。永乐帝驾崩不久,洪熙帝就想将都城从北京迁回南京,但最终没有成功。由于很早下达了迁都的命令,尽管政府和官府都在北京,但当时的记录中全都记作"行在",也就是派出机构的

图9　宣德帝

意思。

然而,洪熙帝很快驾崩,继位的宣德帝不愿意离开北京。也许是出于对父亲的顾虑,宣德帝在位时期从未正式宣布停止迁都南京,但事实上迁都已经终止。正式宣布是在下一代的正统六年(1441),北京名副其实地成了首都。

明太祖未能实现的从北向南统治的体制构想,由永乐帝借助武力得以实现,又在其孙宣德帝时期走上了正轨。动荡不安的明朝体制终于迎来稳定,宣德年间停止郑和远航,放弃了一度内地化的安南,对所谓"雄才大略"的逞能行为进行修正,这些都是走向安定的象征。

内阁与宦官

制度的安定也表现在君主权力的行使上,让我们以此为讲述体制形成的第Ⅰ部内容作结。

太祖有着辅佐君主、相当于宰相的皇太子,永乐帝也是如此。但负责留守北京的永乐帝皇太子,也就是后来的洪熙帝和宣德帝却没有这样的条件。此时发挥作用的,其实是太祖时期创立、永乐时期完备的内阁制度。

内阁的"内"是指宫内、宫中,"阁"是殿阁,也就是宫中的学问所[1]。内阁的教师称为"学士",主要教师称为"大学士"或"殿阁大学士"。他们的本业是亲身给皇帝传授学问,因此常有近距离服侍

---

[1] 学问所:原指中世日本天皇读书、习字、听乐的场所,这里借指中国皇帝在宫中的求学之处。

皇帝的机会。于是内阁的作用不断扩大,成为皇帝身边的顾问和咨询机构。

太祖时代,殿阁大学士还不参与机密要事,但从"内阁"定型的永乐年间开始,他们逐渐接触机密的政务。

特别是永乐帝外出亲征时,皇太子洪熙帝作为"监国"执掌政务,只靠一个人是无法处理全部政务的,因此需要大学士们的建议。初期内阁大学士中,最著名的就是杨荣、杨士奇和杨溥,合称"三杨"。

他们辅佐天子,参与敕令的起草和发布,实际上逐渐发挥着宰相的作用。大约宣德以后,内阁实现制度化,内阁政治也由此确立。内阁以天子教师的身份从旁辅佐,正适应了天子"私有化"的明代体制。

不过,天子的近侍不仅仅是内阁大学士。站在天子的立场上,能在身边辅佐的人不一定要是头脑顽固的教官大学士,还有其他可以胜任的人。

那就是天子的用人宦官,他们比大学士更加私人。因此,宦官不仅起到顾问和辅佐作用,还可以充当特使和密探,用途十分广泛。作为明代政治特征的宦官势力专权,正是从这里开始的。

宦官势力在汉代和唐代也很大,或许可以视为中国历史上普遍存在的现象,但这样就会忽视其中与"绝对帝制"和"私有化"体制相对应的制度特征。比如,太祖不允许宦官插手政治,永乐帝却重用宦官,这类将原因归结为天子个人资质和贤愚的论点,毋宁说是带有误导性质的。

宦官也称为"内官","内"就是宫中和私人,与内阁没什么区别。

作为皇帝的近侍,宦官的制度动机和定位与内阁十分相似,两者可以说是同一母体中诞生的双胞胎。然而,他们之间的对立也终将不可避免。

第Ⅱ部

体制

明代とは何か

有一种"僵硬"的感觉。与其说是个别的制度，不如说明初制度整体都有这样的感觉。……可以说，明初体制是一种难以应对财富和人口流动的"僵硬"体制。这种"僵硬"的体制，与其说是前近代中国的普遍特征，不如说是明初特有的个性化政策的产物。

（岸本 1995）

这样的禁令和币制只适用于权力和政治力所能波及的范围，因此范围内外有一道明确的界线，呈现出封闭的态势。比如在与外国的贸易中，国内外价值相通的金银必不可少，因此为了贯彻金银禁令，就不得不原则上禁止与外国的贸易。……在金银存量丰富、地理上便于海外交通的江南，由此不再能够独立与海外开展贸易。纸币主要是在中原地区流通，强制江南使用也有助于南北的一体化。强制使用只在中国境内通用的宝钞，加上禁止流通国内外相通的金银，起到了将江南与海外分隔开来，进而和中原连为一体的作用。

（冈本编 2013）

第 4 章

财 政 经 济

一、实物主义

理念

永乐帝经过"靖难之变"将首都由南京迁往北京,建立起从北向南的统治体制,太祖洪武帝所构想的明朝政治体制至此得以稳固。15世纪初期,明朝迎来了安定期。

明朝的出现源于"14世纪危机",即全球性的寒冷化和经济危机。明太祖根据当时的情况构筑体制,永乐帝以后顺利得以继承。

这一体制就是王朝始祖创立的"祖法"。儒家的根本思想在于"孝",祖法是子孙后代不可随意触及的神圣领域,必须严格维持,这也就束缚了此后明朝政治的发展。

明朝的一贯理念就是对社会的直接掌控,可能成为障碍的事物已经在洪武、永乐两代以武力铲除。从政治角度来说,介于天子和万民之间的宰相府和行省等制度机关都已裁撤,权贵大臣遭到杀戮,作为社会中间层的权势地主、名望之家等也陆续受到了镇压。

上述的具体经过前文已经讲过，但几乎没有涉及其间构筑体制的具体形态及长期趋势，而这正是历史的关键之处。

说到对民众的直接掌控，可以说一开始就是如此，是既成和既有的事实。明太祖朱元璋在群雄割据中胜出，是从战时体制中建立政权的人物。对他而言，最重要的就是组织军队，这就离不开对当地民众的直接征发和动员。

再者，当时正值经济萧条，动员民众首先必须确保他们的衣食起居，这应该也是朱元璋思想的根本。蒙古帝国经济体制的崩溃引发了萧条，货币见底，商业衰退，再加上战时体制，就形成了实物主义的理念。明太祖就是依据这样的理念，建立起财政经济的制度。

鱼鳞图册和"官田"

由于气候寒冷，生产本身日益衰退，恢复农业成为首要的课题。战争动乱使各行各业都深受打击，此时最根本、最重要的依靠还是农业和农村。日本在战争中也是如此，所以人们从遭受空袭的城市"疏散"到了农村。

如果农村被地主势力独占，则不仅有损于生产和分配的效率，还可能与当局形成敌对。那样的地主必须全部镇压，这恐怕就是朱元璋的基本方针。在此基础上，明朝还重新丈量土地，重新确定生产者和所有者，扶植自耕农，此时的台账称为"鱼鳞图册"（图10）。

鱼鳞图册是户籍和土地台账，其制作的要点就是丈量。丈量主要是指土地测量。中国在汉代时就有详细的人口数字记录，但此后农民逃往庄园等私有领地，政府不再能够掌握土地和人口。为了打破这样的先例，直接掌握农田和农民，明朝推行打倒地主和丈量土地的政策。

当时，大土地所有制和地主最发达的，就是邻近朱元璋根据地南京的江南三角洲。这一带曾经被张士诚割据，朱元璋将其消灭后以支持张士诚为名，对地主们进行了彻底的镇压，同时开始直接掌握农民。但是，这绝不意味着创造了大量富裕的自耕农。

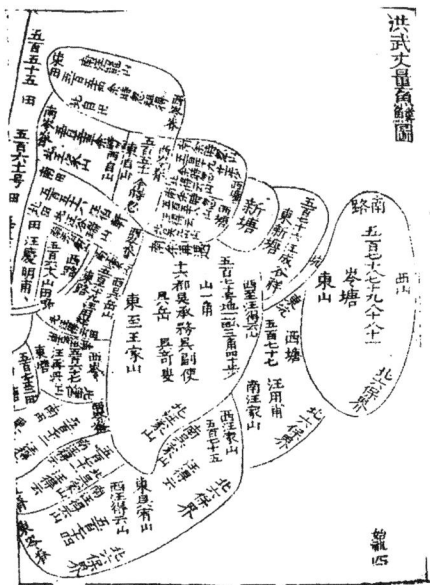

图10　鱼鳞图册

设立"官田"就是其中的典型事例。江南地主被一扫而空后，生产力高的土地大多由政府接手，这当然是出于供养政府、军队和官僚组织的目的。历史上类似的做法还有三国曹操的屯田和唐朝的均田制，但从时间和地点来看，最直接的源头应该是南宋末年宰相贾似道的"公田"制度。简单来说，政府将田地租给农民耕种，用征收的地租直接充当政府的税金。

中国历史上基本都是税轻租重。"租"有"租界""租借"等词语，原本是出租或者包租的意思。佃农向地主借用田地，所支付的款项就是"租"，不同于我们所说的"租税"。"公田"和"官田"是政府所有的土地，它的耕作者与其说是自耕农，不如说是政府的佃农。佃租通常是收获的五到六成，也有比这更多的，正是这些租或地租支撑起了政府的财政。

我们已经从政治事件的角度,讲述了对地主的镇压和数以万计的杀戮,这些镇压从经济负担角度也指向了同一方向。对农民的直接掌控,无论其原则如何动听,实际都不是出于关怀或扶养的善意,说到底只是方便榨取而已。

从此后的历史来看,明朝治下的农民都极力避免成为政府直接控制的自耕农。当初设计的制度究竟能够持续多久,这也是今后的问题。

徭役制度

这姑且算是农本主义。为了直接掌握农民,依存于农业,就必须将农业放在首位,排除地主和商人等中间层。

尽管如此,农民的负担绝不轻松。那么他们被征收什么呢? 答案就是实物主义,也就是直接征收劳动获得的收成。种谷物就征收稻米麦子,种马的饲料就征收干草等,其原则和根基都是实物主义。明朝的官员起初也用米谷等实物支付俸禄,在当时的记录中还留有几石、几束等实物单位的记载。

不仅是土地生产的物品,同时还有徭役制度,也就是为公共事业和官衙的细碎工作直接充当劳动力的制度。不只在中国,日本自古也有这样的制度,这也是实物主义的一环。

日本人可能不熟悉“徭役”这个词语,它是“正役”和“杂徭”两个词的缩写,在中国史中大致就是指无偿提供的劳动力。

所谓“正役”,由于明朝设定了“里甲”这一行政性聚落,从中征发劳动力,通常称为"里甲正役",也称"里甲制",是一般庶民负担的正规劳役。

一百十户为一里,从中选出十户作为首领的里长,剩下的一百户分为十甲,也各自选出甲首作为首领。里长一户和甲首十户每年轮班,主要负责里内督促纳税、代行征税、搬运税收、调停纷争等政府委托的事务。当然,他们也承担着责任,如果规定的税额没有收足,就要自行负担加以补偿,并且在规定日期之前运到指定的地点。

相对上述的里甲正役而言,还有相当于零散劳动的"杂徭"。里甲不仅要承担正规性的劳役,还要被征发从事传递官府消息、打扫官衙、充当官员的随从马夫等各种杂务。

承担徭役期间,农民不得不停止农业耕作,因此是非常沉重的负担。在中国历史上,相比于对土地和产物的征税,这样的徭役负担通常更为沉重。

要想知道每片土地能有多少收成,关键在于土地的丈量。劳动力也是一样,为了顺利征发徭役,用现在的话来说就必须进行人口的普查,从户籍上把握每个人住在哪里。土地称为"丈量",人口称为"编审",通过编审所制定的就是赋役黄册(图11),官府根据这本台账决定承担徭役的人选。

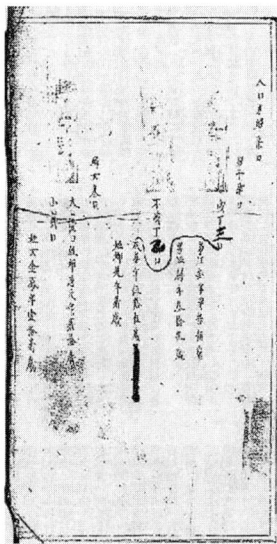

图11　赋役黄册

二、财政体系

公共资金的缺失

通过对人民的直接掌控,明朝建立了上述征税和徭役制度,贯彻其中的就是实物主义理念。那么,政府的财政实际又是怎样运作的呢?

这恰恰是最困难的,我们生活在货币经济的世界中,对于实物主义是完全不了解的,因此必须发挥想象力和洞察力。

政府财政首先就是征税,税是以实物形式征收的。需要米谷就征收米谷,需要木材就征收木材。当然,征税是为了供给政府当局使用,必须要有支出才有意义。但是,盛产米谷的地方就不需要米谷,山里也不需要木材。如果借助货币,无论从什么地方,使用多少金额,总能够调度到需要的东西。但如果是实物,其用途和数量就只能由场所决定。

比如,政府的劳务费和官僚的俸禄是用米谷支付的,因此征税的米谷为了充当俸禄,必须先汇聚到分配给官僚的当局。如果是米谷过多而饲料不足的情况,就要运来实物的饲料。总之,收入地点和支出场所是一对一的固定关系。

19世纪末20世纪初,美国人马士(H.B.Morse)曾经在中国政府中工作。退休后的他在牛津执教,留下许多关于中国史的著述,由于是亲身观察者留下的资料,至今仍有一手史料的价值。其中有一节

这样写道："财政制度和会计制度在东洋和西洋有什么差别呢？那就是公共资金的有无。"（Morse1908）

所谓"公共资金（common purse）"，如我们现代人所知就是财政体系。换言之，就是先将征收的税金全部作为国库收入，然后从中分别执行支出的制度。根据马士的观察，"英国的全国收入进了大藏省（Exchequer），美国的全国收入进了财务省（Treasury），但是中国不同"[1]。这虽然是距离明朝建立五百多年的20世纪初的情况，但基本上还是相通的。

国库和汇款

马士在同一文献中还说道："中国的理论和行动是分离的。"也就是言行不一的意思。所谓"理论"，就是原则上全部收入都归皇帝所有。基于这一原理，记录的数据看起来都是经过整合的。然而，实际的"行动"却大相径庭，收入都是各地各项零散的专用款项，原因就在于明初实行的实物主义财政体系。

米谷是指谷物和粮食，不能用于建筑，建筑需要木材，人类也不能吃干草。由于采用实物征收形式，将其变成公共资金，即"作为国库收入放进一个大碗"（坂野1973）是不可能的，征收地和使用地基本都以一对一模式固定下来。因此，建立在实物主义上的明朝国库无法形成公共资金的体系。

---

[1] 正确的说法应该是分别进入英国的国库和美国的财政部，原文称为"大藏省"和"财务省"是以日本的部门做类比。

在账簿记录上，全国各地应当征收的物品都被列举出来，使用"石""斤""束"等单位，一些地方就直接把它们相加。但实际上，整体放入国库管理是不可能的。

比如说，如果要从A地送往B地，从B地送往C地，按照我们的感觉，反正最后要前往C地，为什么不直接从A地送往C地呢？

但这是做不到的。因为从实物角度而言，很可能A到B是送米，B到C是送木材。在征收地和使用地固定的实物主义模式下，收入和支出多种多样，必须分别制定相应的政策。

原额主义

中央政府中有着理应统辖全国财政的户部。户部常常被称作"财政的总汇"，"总汇"这一复杂的汉语原本是"总辖、统合"的意思，但制度中并没有公共资金那样的国库。那么，户部实际上究竟在做什么？又起到了怎样的作用呢？

如果像现代日本那样，有走到哪里都能通用的货币，或是在各地都没有差异的通货，公共资金体系就很容易建立。但在实物主义的明朝，这是无法做到的，因为各地的金库都被用于应对各自的事务。

假设要将物品从A送往B，从B送往C，为了确定运送物品和数量，就必须分别掌握A地生产什么，B地需要什么又剩余什么，C地有什么是不足的。把这些工作全部交给当地处理也不现实。

于是，地方上先把情报送往中央，中央在掌握各地情况后，再决定A到B、B到C分别送什么和送多少。此时发挥作用的就是户部，由它向各地当局发出指令。没有这些指令，财政就无法运转。

财政当局在中央和地方的区别，就在于有无这样的功能。地方财政通过税收满足地方官衙的用度，户部则通过税收满足中央官衙的需要，在充当收支出纳的金库这一功能上，两者并没有本质区别。所谓"总辖、统合"全体，其实也就是这个意思，西洋的公共资金则没有这样的含义。

然而，中国十分辽阔，各地需要什么、需要多少，真的能够定期、准确地调查物品种类和数额，然后下达合适的指令吗？即便在信息技术发达的现代，这都非常困难，何况在五百五十年前的明代，这几乎是不可能的。朱元璋的制度设计虽然理论上可以成立，但从现实的角度来说不过是纸上谈兵而已。

实际执行的是定额制度或原额制度的方案。由于不可能根据时间、地点逐一进行调查和下达指令，因此只要将A到B、B到C运送物品的种类和数量都固定下来就可以了。

这样一来，无论实际征收和运送的人，还是在中央调查和指示的人，都可以省下劳动力。中央户部的主要任务不再是调查和指示收支，而在于确认和点检定额。至此，中央和地方的任务分工已经明晰，此后得以长期执行。

中央集权？

如上所述，这样建立起来的明代财政体系直到清代依然发挥影响。那么，学界必定会提出的问题就是，明清的财政体系乃至权力构造，究竟是中央集权还是地方分权？此外还有时常突显的中央与地方的对立问题。

但是，如果要考察这一制度的构造，中央和地方的思考模式及概念划分本身就是不恰当的。因为采用实物主义，在国库的作用、规模和构成上，中央与地方并没有什么区别。

要说北京的户部起到什么作用，那就仅限于发出收支和运送的指令。但因为是原额主义，所以无论哪个地方，在实际业务上中央与地方并没有分别。并且，各地实际需要多少，是否能够送达，这些情况几乎都没有考虑进去。

通过对应各地特征的实物主义，建立起全国整合性的财政体系，但这多半只是原则，作为掌控和应对各地实情的制度是无法运作的。

这样说来，中央其实也不过是一个"地方"。既然都是地方，记作"中央"反而容易引起误解。中央与地方这样的区分原本就是近代国家的产物，由于采用了不同的体系，再借助这些概念进行整理本身便是可笑的。缺乏公共资金即是其中的典型，因为明清的财政和国库体系是以不区分中央和地方的形式构成的。

无论如何，很多问题都超出了我们现代人的理解，中间也有一些略带牵强的类比。但这也反过来说明，我们已经如此深刻地习惯于商业流通、货币经济，以及由此建立起来的西洋式资金运转方式，这一点是必须有所自觉的。那么，在当时明朝的设计中，货币制度又是怎样的呢？

三、币 制

实物主义与货币

在上述以实物出纳作为根本的体制中,是否完全不存在货币呢?事实也并非如此。

中国历史上的货币首推唐朝铸造的"开元通宝",或称"开通元宝",它为此后的货币提供了范式。这是一种圆形方孔规格的铜制钱币,通过方孔可以用绳线串联起来。这样的规格和习惯席卷东亚全境,日本后来也流通这种铜钱。

中国正式使用铜钱作为货币是在10世纪的宋代以后。这一时期,中国经济取得了飞跃性的进步,货币经济十分发达,庞大数量的铜钱应运而生。这样的铜钱统称为宋钱,今天也有大量流传,基本没有作为古董的价值。

至于原来的开元通宝,唐朝是劳役本位的社会经济体制,货币经济和商品流通还不发达,虽然铸造发行了铜钱,但基本没有使用,发行量也很少。如果比喻成纪念币,现代人应该更容易理解吧。

明朝标榜实物主义,但还是铸造了铜钱,也是一样的道理,并非像宋朝那样期待其实用价值。明太祖和永乐帝都宣称自己的政权以唐朝为范本,货币层面上也是模仿了"唐制"。仿照唐朝铸造铜钱和实物主义一样,可以视作对前代政权的批判和否定。

随着经济发展和物价上升,小额通货的铜钱不便于携带和出纳,实用性逐渐降低。因此,宋代后期开始普及纸币,蒙古帝国所使用的纸币,其来源正是宋代发端于四川的有价证券"交子"。

金和南宋也使用纸币,但因为财政困难而滥发纸币,流通上很不稳定。蒙古帝国将纸币与西方流通的白银相结合,转变成为全国范围的通货。

但是,随着蒙古帝国因"14世纪危机"而崩溃,以纸币流通为前提的币制也走向了崩溃。后继的明朝之所以采用实物主义,正是因为基于商业和流通原理的币制在"危机"面前无力应对。当然,这也是对前代政权体制的否定。从这一角度来说,铸造不能作为通货的铜钱反映出明朝复古的一面。

大明宝钞

那么明朝的货币只有铜钱吗?绝非如此。对于经历货币经济的社会而言,实物主义和纪念币是无法满足眼前需要的。最低限度的货币依然必要,明朝似乎也承认了现状,发行铜钱的同时也发行正式的纸币。那就是"大明通行宝钞",通常称为"大明宝钞"或直接简称"宝钞"(图12)。

明代的宝钞和蒙古帝国发行的纸币,在外形上是一模一样的。印刷设计完全继承了蒙古纸币,面额也以一贯作为单位,换算成铜钱就是一千文,这部分也可以视作继承旧制。

但是,这些继承仅仅是形式。明太祖朱元璋推行农本主义,实行严厉的抑商政策,必然要坚持实物主义这一财政经济的制度设计。铜钱也好,宝钞也好,只能在实物无法应对的场合下使用,属于特殊性质的存在。

宝钞和铜钱等通货在明朝都是非常规的存在，这样的定位是直接掌握万民的农本主义和抑商主义理念的必然结果。从这一理念派生出的重要政策，必定与通货体系密切相关。

明朝的经济政策和政治体制是一体的。考察货币制度时，抑商主义是至关重要的前提，这与明朝兴起于江南而吞并北方，却建立起从北方统治南方的体制是紧密相连

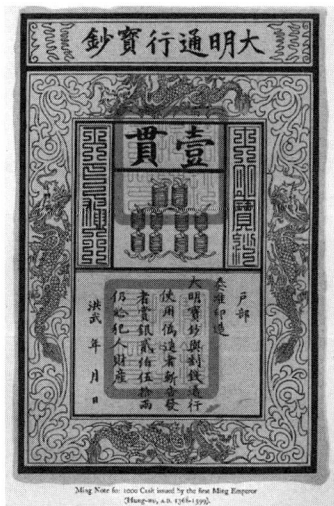

图12　大明宝钞
出处：马士1908。

的。其间的政治经过前文已经讲述，此处需要着眼于经济层面，宝钞这一纸币的历史定位也是其中的重点。

南北乖离

在蒙古帝国以前，黄河流域的中原和长江流域的江南，统治方式是截然不同的。比如金和南宋、吞并金的蒙古和南宋，这些政权的对峙就是典型的例子。即便不是如此，唐末五代以来，毋宁说南北就是不同的国家才更接近实情。

当然，这不只是政权问题，也反映为社会经济的差异和差距，并且在明朝初期愈发显著。生产力和文化发达的当然是南方，即便是太祖朱元璋也不能不把这样的南北差异考虑在内。

事实上,明朝制度设计的全部前提就在于此,经济和财政也不例外。面对寒冷化引发的生产力下降和经济发展停滞,即所谓"14世纪危机",中原比江南受到的打击更大。

前文已经反复提到,明朝的国策是"恢复中华",因此称为"中华"的领域必须统合为一个整体。然而,南北的经济差距和社会组织差异十分明显,因此首要的任务就是将两者一体化。

当时的情况是,南方尚有财富的积累,但经济衰退的北方则很少。对于当政者来说,与其让贫穷的地区变得富裕,不如让富裕的地方变得贫穷才更加容易和现实。因此,明太祖的施政就是让南方变得和北方一样贫穷。镇压富裕的江南地主、商人和知识分子,推行实物主义等,这些明朝独有的政策都起源于此。

从通货政策的角度来看,南方经济仍有余力,商业和交易尚存,所以急需货币,贵金属的存量也比较高。相反,贫穷又深受打击的北方货币短缺,物物交换的情况相对更多,战时状态下就更是如此了。

北方的情况成了全国的基准,明朝根据北方物物交换的现状推行实物主义,又基于这一原理设计制度,尽可能规避商业和货币。与此同时,贵金属的使用本身也遭到禁止。

从北向南统治是明朝的国策,反映在经济领域就是上述的政策。总之,经济政策的构想和实施,与意识形态和政治是密不可分的。

通货政策的定位

基于这样的整体政策,发行纸币的同时,金银的使用遭到禁止。

铜钱虽然也有铸造,但大多没有发行。

铜钱上一般刻有年号,是王朝和政权的象征,因此称作"制钱"。尽管如此,它与实用和流通的目的却是背道而驰的。可以说,明朝以后政府铸造的铜钱只具有纪念币属性,也就是宣扬新君主的工具。

当然,铜钱此后也有流通和使用,但这不是其本身所具备的功能。宝钞的面额虽然写着"一贯",但理所当然无法兑换为一千文铜钱。

因此,前代蒙古帝国的纸币"交钞"和明代的"宝钞",虽然名称和样式极为相似,但其内涵和本质却是截然不同的。蒙古时期以全国的商业流通为目的,纸币投入实际使用,但明代并不把流通和交易作为前提。

蒙古帝国将银矿和有价证券作为准备金,纸币能够根据面额兑换成相应的贵金属。明朝则不然,金银的使用本身就是被禁止的,兑换更是不可能。至于不兑换纸币的宝钞,因为是由明朝政权发行,经过政府权力的批准,故而理论上能够在统治范围内使用。政府虽然发行却不对其价值负责,这就是宝钞的真相。在现代社会的我们看来,这完全是无视经济原则的混账制度。

尽管如此,这仍是基于"恢复中华"的意识形态,经过慎重思考建立起来的通货制度。南北合一、直接掌握人民、征收实物,这些都是与政治理念调和的社会经济体制的一环,其逻辑是贯穿始终的。

但是,上述设定终究只是人为的纸面操作,在实际社会中究竟能否通用,又是否能够成为永恒的体系,这些旁观者脑海中浮现出的疑问,正是与此后明朝社会经济和政治发展有着密切关联的要点。

第 5 章

华夷秩序

一、华夷殊别

"中华"的恢复

如上文所说,明朝在建立体制时采用了实物主义,这与其全力排除介于政府和民众间的富裕层和官僚的政策,其实是相互平行的关系。掌握人民个体,就必然试图直接获取其生产的物品,这是整体性和原则性的问题。

这样的理念在财政经济领域也得以贯彻。实物主义的明朝自然反对商业,也尽可能排除商业的必然产物——货币。但明朝不可能根绝商业、完全废除货币,因而禁止使用保障货币价值的贵金属。虽然设定了货币,但无法兑换是其流通的前提。

明朝的这一理念不仅对财政制度和民间经济产生重要影响,而且与对外关系也有紧密的关联,成为中国史整体发展中的一大焦点。

明朝是驱逐蒙古帝国而建立的王朝政权,必须宣扬汉人驱逐蒙

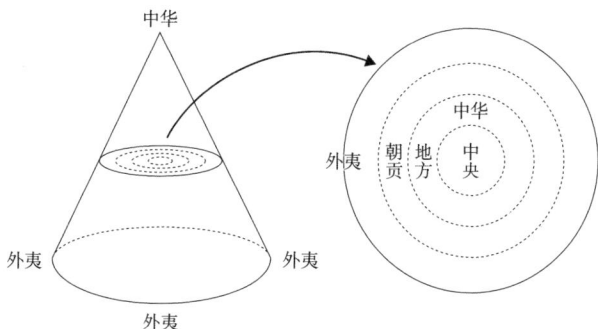

图 13　华夷秩序

古帝国是正确的,蒙古的统治是错误的。因此,明朝的建国精神就是"恢复中华",这也是明朝高举的旗帜。中华大地上本不存在的异民族(汉语称为"夷")统治了中华人民,这是不符合道理和秩序的现象,所以必须恢复原样,重新构筑起应有的"华夷"秩序。

顾名思义,我们平时所说的"华夷秩序"就是由"华"和"夷"组成的秩序,不过在此还是要做最低程度的说明。

"华"就是指"中华",处于中心的位置,这是不证自明的前提,其外侧和周边居住着称为"夷""外夷"的野蛮人。这样的世界观不只是中心和边缘的二维平面关系,同时也是"中""华"居上、"外""夷"居下的三维上下关系(图13)。这就是使用汉语的东亚思维构造中共有的秩序意识。

但此前只是意识,并没有真正实践过,将未必是现实的秩序作为体制加以实践,这正是明朝的特质。明朝首先将实际统治的汉语圈范围指定为"中华",大致相当于今天所谓的中国本土。这里是"中华"和中心,因此需要整合为一体,不能够支离破碎,这也是明朝政策一以贯之的理念。

此前的蒙古帝国使欧亚大陆上存在的多个集团以多样的方式浑然一体,建立了"混一"的体制。在中国本土范围内,南北显然是不同的,但明朝必须首先否定这一点。

既然确定了地理上的范围,接着就是实质性的问题。从洪武到永乐,即 14 世纪末到 15 世纪初,明朝一贯的政策理念就是南北统合和一体化,这与恢复中华紧密相连。上文提到的实物主义、抑制商业、排斥货币、禁用金银等经济政策,以及屠杀和镇压江南富裕阶层、地方领袖、地主商人等刑狱措施,都是其具体的表现。

这些措施不只是出于南北统合的目的,从更广阔的视野来看,也是沿着恢复中华、超越蒙古这一宏大方针而进行的举措。

"华夷之辨"

我们试着用当时的语言解释这一理念。明朝的对外关系与日本也有很大关联,这一点留待后文详述,此处不容忽视的是作为两国关系开端的以下史料。时值洪武三年(1370)春,日本正是南北朝战乱的时期,作为明太祖下诏对象的"日本国王良怀",无疑就是九州征西将军府的怀良亲王[1]。

---

[1] 怀良亲王(1329—1381):南朝后醍醐天皇之子,征西大将军。兴国二年(1341)在五条赖元等人辅佐下,自四国忽那岛进入九州南部,此后联合菊池武光、阿苏惟时等九州豪族,建立征西将军府。先后击败一色氏、少贰氏等当地势力,于正平十六年(1361)正式入驻太宰府。文中元年(1372)被北朝九州探题今川了俊击败,退入菊池氏控制的肥后国,弘和元年(1381)在筑后国矢部去世。

粤自古昔，帝王居中国而治四夷。历代相承，咸由斯道。惟彼元君，本漠北胡夷，窃主中国，今已百年，污坏彝伦，纲常失序。由是英俊起兵，与胡相较几二十年。……朕为中国主，此皆天造地设，华夷之分，理应居上。[1]（《明太祖实录》卷五〇，洪武三年三月）

将背离理想秩序的现状恢复到原来的样子，这是明朝主观上的基本姿态，而明朝和日本的交往也是从这个时候逐步展开的。其出发点，亦即明朝最想表达的意思在于：日本国王是蛮夷，应该遵奉中华皇帝。为此，必须否定蒙古帝国的秩序体系。反过来讲，如果日本不服从明朝，就意味着蒙古体系的重现。

这样的秩序关系在史料中表达为"华夷殊别"或"华夷之分"，朱子学尤其强调"华夷之辨"的概念，因此可以说是朱子学的意识形态。该学说的核心就是区别"华"与"夷"，但这并不是人为的区分，而是先天就已经注定，正如天地从一开始就是分开的那样，华夷之间也是殊隔的。

意识形态与实践

包括朱子学在内，儒家的基础在于礼的关系。我们现代人也在不断实践礼仪规范，其主干就是上下关系的设定，这一点并不难懂。

平等的关系在人类世界中并不存在，不仅年龄有别，能力、实力

---

[1] 最后"理应居上"四字原文所无，是作者根据后文意思总结的。

和财力也各有不同，还有男女性别的差异。完全的对等是不存在的，也正因为如此，我们需要追求对等和相互尊重，这是现代的理念。儒家则不同，它完全接受现实，在此基础上将如何创建和谐的人际关系作为关心的话题。

于是就要设定上下关系，制定礼仪。但问题在于，这不只是人际关系，也关乎整体秩序和世界观的规则，南宋时期集大成的朱子学说就是其中的典型。

朱子学是汉人历史上军事和政治劣势时期的产物，因此可以说，它是出于某种"不甘心"而强调对自身"中华"的尊重（冈田2005）。

明朝建国前，朱子学已经在一般知识分子中普及，同时也是官方教学和政权意识形态。朱子学又称"宋学"，但它在宋代不如说是遭到打压的，稳定下来是在蒙古帝国时期。进入明代后，朱子学作为官方教学，强调上述史料中所反映的"华夷之辨"。

至此终究只是意识形态、方针和理念，理念成为现实的关键在于实践。"华夷之分"的前提是划定中华的范围，明朝在经济政策上将农耕地区作为"华"的范围，并致力于其间的均质化。只有这样，划分华夷的边界线才能更加清晰。

二、"朝贡一元体制"

海禁

明朝的制度设计体现为政策和理念的统一，那么对应"华夷之辨""华夷殊别"的政策是什么？又是怎样实现的呢？一言以蔽之，就是海禁和朝贡。

首先来看海禁。海禁就是管制海上交通的意思，表现为"寸板不得下海"的全面渡航禁令。明朝成立之初，朱元璋就在沿海地区推行这样的海禁。

严厉管制海上交通的理由非常单纯，就是因为海贼横行。在明朝初兴的割据时代，浙江的方国珍势力与南京朱元璋争雄，此后方国珍和他的残余势力也时常发起骚扰。为了应对海贼，维持沿海地区的治安，明朝很早就开始对海上交通及以商业、渔业为代表的海上产业进行管制。

明太祖朱元璋的基本态度是内政优先。通过北伐把蒙古帝国赶出大都是政权确立和统一事业，为此不得不使用武力，但在击败蒙古之后，对于军事行动就转向了消极。海禁也是其中一环，表现出消极防御的态势，这一点在其他逻辑中也是相通的。

比如说，明太祖没有把手伸向海外各国，也不会在蒙古退却后一直追击到长城以外，反映出明太祖政权在政治和军事力量上的极限。

太祖在外交领域保持着消极后退的姿态，还设定了不可出兵征讨的"不征之国"。根据遗训集《皇明祖训》记载，日本也是其中之一，这大概是基于"元寇"[1]的经验吧。

尽管永乐时期形势转变，对外开始持积极态度，但永乐帝本身没有改变太祖制定的原则。海禁自然也是如此，但其意义并不是一成不变的。

---

[1] 元寇：指元朝忽必烈时期两次对日战争，日本史书中称为"元寇"或"蒙古袭来"。

朝贡

如果将充实内政作为第一要义,则耗资巨大的武力行为自然应当规避。那么,不使用武力的明朝要如何在周边各国中保持优势呢?既然明朝将朱子学中的"华夷之辨"作为对外秩序的准则,就必须彰显"中华"(明朝)在上、"外夷"在下的理念。想要不诉诸武力建立起上下关系,还必须借助一定的策略。

以太祖为代表的明朝政权所采用的策略,就是灵活运用礼制。"中华"之所以成为中华,其根源在于儒家的礼制。明朝的基本方针便是掌握礼制的主导权,以此统领周边地区。

具体而言,就是朝贡和册封的表演。朝贡和册封都是中国自古就有的礼制,并不新奇,它们既非明朝创始,也不会在明朝终结。然而,朝贡和册封在明朝及后继的清朝却值得大书特书,这才是问题的关键。

所谓"朝贡",顾名思义就是朝见和进贡,也就是周边人群带着给中国皇帝的贡物前来问候的行为。"朝贡"这一汉语听起来非常庄重,其实只是礼制之一,与我们平时进行的礼仪习惯没有本质区别,简单来说就是带着土产表达敬意的访问。这种礼仪行为是当时的交往惯例,在东亚国家和集团之间广泛适用。

尽管只是表达敬意的访问,但也不能空手而回。朝贡需要有相应的接待和赠品,称为"回赐",也就是回赠礼物的意思。由于可以和带来的物品视作交换,理解为贸易关系也并无不妥。

册封

既然朝贡是表达敬意的访问,那么就要低头行礼。一低头的瞬间,上下关系就确立了,这是"中华"式的理解。因此,这样的过程也就意味着臣服。不仅如此,由于朝贡行为本身在一瞬间结束,为了将记录留传给后世,必须颁布任命的文书。这样的任命文书,当时就称为"册"。

用"册"(文书)来"封"(任命),就是"册封",册封的要义就在于颁布任命文书。这也是中国历史上常见的现象,没什么新奇的。但是将册封与朝贡结合起来,作为构建华夷秩序的基础,这可以说是明朝的特色。

众所周知,"中华"是基于天子接受天命统治天下这一政治理论的概念。天下就是整个世界,"天无二日",天子只能有一个,那就是中华的皇帝,皇帝必须是唯一的、至高无上的存在。不过,皇帝下面可以有各种爵位的人,最高的爵位就是"王"。因此,皇帝和王是不同领域的君主,像"日本国王"那样限定区域的王,还有朝鲜国王、琉球中山王、安南国王等多名。

那么,怎样才能成为"王"呢?答案是接受天命的天子通过"册"来任命,也就是"册封"手续。总而言之,皇帝享有任命国王的权力,两者间当然就是君主和臣下的关系。"册"是证明上下君臣关系的文书,而"册封"行为本身与国王发起的"朝贡"又是相对的。

海禁与贸易统制

这里的关键在于,必须把与周边外夷国家的交往限定在"朝贡"框架之内。换言之,只有持着贡物前来问候才能进入中国。当然,除了奉命"册封"以外,任何中国人不得前往海外。

从周边外夷的角度来说,除非向明朝皇帝低头称臣,否则就无法与中国接触。明朝只承认这样的交往和交流,与周边国家的关系仅限于来自对方的朝贡和自身的册封。这一点在中国历史上从未有过,堪称明朝特有的制度。

当然,民间人士前往外国贸易经商也是禁止的,这就是将"朝贡""册封"与海禁结合的理由与动机。海禁本身是应对海贼、维持治安的法令,一旦沿海地区稳定就不再需要了。然而,治安恢复后海禁依然长期延续,因为这是将与中国的交往限定为朝贡的理想手段。华夷秩序不仅是基于礼制的政治体制构筑,基于法制的经济统制侧面也在不断加强。

现在,学界将上述现象统称为"朝贡一元体制"(岩井2020),以前普遍使用的还有"朝贡体制""朝贡体系"等概念,但含义不完全相同。

朝贡本身是各个时代都有的行为和制度,也因为如此,"朝贡体制""朝贡体系"至少是明清时代通用的概念。然而,"朝贡一元体制"与这些概念都不相同,它是与构建华夷秩序密不可分的明朝独有的体系。名为华夷秩序的礼制教义加上名为海禁的交通贸易管制,一切都是严丝合缝的制度。

三、体制的确立

所谓市舶司

最能反映其间情况的明朝机关就是市舶司。"市舶司"这一机关在明朝以前就已存在，管理与海外的交往。"市"是买卖、市场，"舶"就是船舶，"市舶"自然就是指商船，管理商船的机关就是市舶司。它起源于8世纪的唐代，经过商业繁荣的两宋，一直延续到了蒙古帝国时期。

当时，阿拉伯商人在印度洋上频繁开展贸易，其活动足迹遍布南海和东海，蒲寿庚就是其中的典型。他是居住在泉州的阿拉伯商人，因东洋史创始人桑原骘藏具有世界视野的研究而著名[1]，一度执中国海上贸易之牛耳，南宋灭亡后归顺蒙古。他的职务就是提举市舶，也就是市舶司的长官。

任命权势商人管理商业和征税，这在蒙古政权下几乎是通例，海上贸易自然也不例外。从上述事例可以看出，市舶司机关的性质就是商业本位。

在对外态势与蒙古帝国截然相反的明朝，市舶司是没有存在余

---

[1] 这里是指桑原骘藏的代表作《宋末提举市舶西域人蒲寿庚之事迹》(宋末の提举市舶西域人蒲寿庚の事蹟)，大正四年至七年(1915—1918)连载于《史学杂志》，大正十二年(1923)结集成册出版。1929年中华书局出版陈裕菁译文，更名为《蒲寿庚考》。

地的。在实施海禁后不久的 1374 年,明太祖下令废除市舶司。此后整个洪武时代都不存在市舶司。

到了 15 世纪初的 1403 年,市舶司又复活了,并且以后长期存在。但明朝的世界观和对外政策没有改变,变化的只能是"市舶司"本身。

"市舶"与朝贡

正好有一则 1403 年,也就是永乐元年关于朝贡的史料,从中可以看出当时政权的基本态势。这是关于西洋的"回回",也就是西方伊斯兰国家前来贡物的记载,进贡的同时还带来了胡椒在民间交易。对于民间交易,当局官员建议征收税金,这是类似于此前市舶司的观点。但永乐帝却反驳道:

> 商税者,国家以抑逐末之民,岂以为利?今夷人慕义远来,乃欲侵其利,所得几何?而亏辱大体万万矣。(《明太宗实录》卷二四,永乐元年十月甲戌)

也就是说,来航船队是"慕义"而来,并非为了通商。作为商船的"市舶"本就不存在,即使存在也是例外、非常规和附属的,因此不能征收正规的税金。从明朝体制来看,无论实际情况如何,这都是必然的结果。

既然如此,为何要恢复"市舶司"的旧称呢?原因不太清楚,可能是没有时间设立新的机关,只能复活旧机关承担新的任务。即便沿用机关和设施，名称也应该随着功能改变，这或许是后世外国人的浅见吧。

总之，市舶司虽然复活了，但管理"市舶"和征收税金都已经不可能。此时的市舶司不同于前代，绝不是商业本位的机关。明朝的市舶司，其实就是迎接朝贡的接待机关。

> 本朝市舶司之名，虽沿其旧，而无抽分之法，惟于浙、闽、广三处置司，以待海外诸蕃之进贡者。盖用以怀柔远人，实无所利其入也。

这是后世著名知识分子邱濬所著《大学衍义补》卷二五中的一节，由此可以理解其中的情况。

因此，也有将"贡舶"和"市舶"记作"一事"的史料（《筹海图编》卷一二《经略二·开互市》）。顾名思义，"贡舶"是装载朝贡贡物的船只，"市舶"则是贸易船。但由于不存在贸易的概念，合理的行为只有朝贡，船舶也只能是"贡舶"。因此，朝贡船和贸易船都是"一事"，也就是完全相同的。

站在海外各国的立场上，如果想和中国进行商业贸易，朝贡是唯一的接触方式，因此只能把贸易船装扮成朝贡船，朝贡的同时以附带形式从事贸易。这就是称为"朝贡一元体制"的原因，市舶司的定位便是最好的反映。

北边与开中法

总之，敌视商业的理念与"华夷之分"的意识形态紧密结合，加上建国之初推行的海禁交通管制，不仅影响到国内制度的构建，也影响了世界秩序体系的建立。

既然是秩序体系，当时不仅限于沿海，陆上的边境也是同样原理。

当然，两者在地理状况和形势条件上并不一致，大相径庭的点也有不少。陆地边境上生活着居民，军事安全保障占据了首要地位。特别是中原无法与游牧民族强大的骑兵抗衡，北方边境的安全保障尤其重要。万里长城自古也是起着这个作用，带有浓厚的北方军事分界线的色彩。

明朝是将蒙古帝国从中原驱逐后建立的政权，自然也是如此。长城沿线是其国防的前线和边境，当然要对交往和交易加以管制。总体来说，北方也接近于戒严管理，与南方沿海的海禁一样，都处于对外隔绝的状态。

永乐帝迁都北京和远征蒙古也是其间的政策，最大的目标就是确保北方的安全。此后，今天的内蒙古自治区大体归入了明朝的版图，永乐帝的目标基本得以实现。

然而，为了维持前线的军事活动，必须长期驻扎军队。驻军和战争都是纯消费的活动，需要源源不断的补给。明朝推行实物主义的财政经济，为了给军队补充物资和提供粮食而实行的就是屯田制。军队和士兵在附近从事农耕，军粮能够自给自足。

但只靠屯田是不够的，为了进一步调集军粮和补给物资，明朝所利用的是当时最大的商业交易，即食盐买卖。

中国自唐代以后就通过食盐专卖获得财政收入，不仅征收高于原价几十倍的税金，还另加高额利润强迫消费者购买。为了把收益直接投入特定的军事用度，明朝政府设计的制度就是开中法，承包军粮物资供给或屯田经营的商人，可以获得产生暴利的食盐专卖权。

因此，从事开中法业务的只能是在北边驻军附近活动的商人，主要就是山西省和陕西省的商人。如下文所说，著名的财阀"山西商人"就是借助开中法崛起的（寺田1972）。如此说来，原本反对商业的明朝政策却催生了日后垄断商业的财阀，这真是无比讽刺。

经济政策的关联

以"朝贡一元体制"为代表、对外实行统制主义和封闭政策的明朝体制，与前文所说的财政、经济政策都有着紧密的关联。开中法虽然极为特殊，但也是其中一例，这一点十分重要。

明朝的财政经济是实物主义，贵金属尤其是金银货币的使用遭到禁止。铜钱虽然存在，但数量十分有限。这样的贵金属禁令当然不仅限于国内，在海外贸易中同样适用。与其说是适用，不如说禁令的真正目标就在于海外贸易。

毋庸赘言，古今中外由于地域集团和文明的不同，经济观念与经济发展程度各有参差。每个团体内部都有独立的货币，用作日常交易的媒介，这几乎就是通例。用现代的情况类比，日本使用日元，美国使用美元,中国使用人民币。当日本与美国,或者日本与中国这样不同集团之间进行贸易时,就需要共同的媒介。我们把它称为外汇,现代社会中起到这一作用的就是美元。

那么,当时的情况是怎样的呢?所有团体都承认价值的贵金属起到了外汇的作用,对于商业本位且在整个欧亚大陆建立起商业网络的蒙古帝国而言,贵金属无论如何都是必需的。

说起价值不变的贵金属,首先就会想到黄金。但无论古今,黄金的产量都很少,反而无法保证作为媒介的充足数量。既然事关众多团体和个人,自然要有相当的数量才行,于是代替黄金的就是储量丰富的白银。一旦相比于经济规模白银也陷入不足时,就要设定能够兑换成白银的纸币,并且使其大量流通开来,起到活跃经济的作用。

然而,这样的金银使用在明朝是禁止的。中国国内自不待言,对于海外也是如此,不然白银就有流入中国被人使用的危险。反过来说,如果金银能够作为货币使用,就可能引发海外贸易,"朝贡一元体制"也会由此出现破绽。

因此,禁止金银与"朝贡一元体制"是紧密相连的。进一步说,为了维持"朝贡一元体制",阻止民间的海外贸易和交流是必要的,因此外币的使用也只能禁止。比如洪武二十三年(1390)颁布了"中国金银铜钱"不得输出的禁令,这其实是广东、福建、浙江沿海地区"愚民无知",有人从事违法贸易,故而与再次严禁"交通外番"配套出台的命令(《明太祖实录》卷二〇五,洪武二十三年十月乙酉)。货币和贸易,都与体制有着密切的关联。

体制的一贯性和实效性

在明朝的"朝贡一元体制"下，民间独立的海外交通和贸易一律遭到禁止，甚至连观念上都不再存在。但如果是来朝贡，就不能完全禁止物品的交易，在"附带货物"的名义下，可以承认一定程度的贸易。因此，朝贡过程不如说是被用作贸易的借口和手段。

日本的情况就是最好的例子。众所周知，足利义满[1]接受永乐帝的册封，开展与明朝的外交，其间当然有着各种各样的政治目的，但不能否认最重要的还是与中国的贸易。义满死后，对明外交越发表现出追求商业利润的一面。总之，在"朝贡一元体制"下，周边各国"朝贡"的真正目的往往就是与中国贸易。

当然，这样的情况明朝也有所了解。虽然作为朝贡和臣服的恩惠，不得不认可"附带货物"的交易，但这并没有超出明朝的体制之外。

因此，"附带货物"在政府的监视和统制下，由当局全部购买。此时使用金银自然是禁止的，收购的代价只能是作为例外而制造发行的宝钞。然而，无法兑换的宝钞在日本、安南等外国都无法使用，朝贡使团不得不用获得的宝钞在中国境内购买物品带回。从结果而言，周边国家带来的物品和中国产品之间形成了物物交换的关系，

---

[1] 足利义满(1358—1408)：室町幕府第三任征夷大将军，当政期间结束了日本的南北朝动乱，一手掌控公家和武家大权，同时接受明朝皇帝册封，以"日本国王"为名开展对明外交。应永十五年(1408)突发疾病去世，葬于相国寺鹿苑院。

这就是明代宝钞的对外使用方法。

宝钞之所以是不兑换纸币，就是为了防止国内外的自由交通。特别是南方沿海的商人往往打破禁令，与海外商人进行贸易。为了阻止这些行为，必须以宝钞的流通消解作为媒介的外币。

用宝钞代替作为外币的金银，南方的经济活动就能与海外分离。通过将南方与海外分离，并以实物主义和北方相连，南北的经济差距得以消解，进而实现"中华"一体化的理想。不可否认，这样的政治意图被灌注在"朝贡一元体制"和宝钞之中。

以"中华"一体化和华夷殊别理念作为前提的对外关系"朝贡一元体制"，与维持治安的海禁、财政经济上的实物主义以及货币政策相连，成为和明朝经济统制相辅相成的体制。可以说，这是一个所有逻辑相互关联、设计上十分精妙的制度。

但是，这样的体制拥有多少实效性，就是另一个问题了。制度一旦建立，无论好坏，或多或少都会产生一定的影响力。那么究竟是怎样的影响呢？如果这个制度没有实效，那它是如何失去效力的？以后又产生了什么样的影响？这些疑问都需要从历史的角度进行探讨。

第III部

乖
离

明代とは何か

自这一时期开始，苏州地区的工业化带来了粮食不足，谷物仰仗长江上游的湖广地区。苏州地区为了生产绢布和棉布，将水田改造成桑田和棉田。不仅如此，工业还吸引了庞大的人群，一旦遇上饥馑或者战乱，粮食自给就变得不再可能。

（宫崎 1992〔1951〕）

　　从民众手中收取实物，直接用于政府的消费，其间作为润滑剂的货币尤其遭到规避，特别是严禁将白银作为货币使用。对于当时的人们来说，这是无与伦比的善政。……如此，明朝政府在建国之初设定的实物经济政策令官民双方都深感不便。虽说立即转变政策或许比较好，但还有着无法立刻改变的特殊情况。

（宫崎 1994〔1986〕）

第 6 章

走 向 白 银 财 政

一、宝钞的命运

一体化

明朝的对外体制就是华夷秩序,这是与前代蒙古关系的产物。更直接地说,要使明朝的存在正当化就必须否定前代政权,其核心是中华的一体化。所谓"中华"的具体范围就是中国本土,将其一体化的同时也意味着与域外和周边的"外夷"划清界限,因此与"华夷殊别"的意识形态是相连的。

实现中华一体化有几个条件。首先,中华内部不能是支离破碎的,必须南北一体,由站在顶点的天子(皇帝)直接掌握中华世界的万民。

这样的政权构想和制度设计与我们现行的体系大不相同,因此难以理解。尽管是浮光掠影,但到上一章为止已经做了说明。

设计和意图固然重要,但更大的问题是如何运用于现实。那么,实物主义和"朝贡一元体制"的实际情况又是怎样的呢? 具体来说,比如"附带货物"是如何处理的？交易现场又发生了什么？当时使用的宝钞后来怎么样了？金银贵金属的使用禁令一直延续吗？为了解答这些问题，我们必须先来考察史实。

然而，知易行难。不仅社会经济，明代的史料记载，特别是中央政府的正式记录，都是原则优先的产物。这在充满修饰的中国史文献中也是首屈一指的，想从中获知实地的客观情况非常困难。

这一点在今天似乎也是一样，所以产生了收集和提供当地情报的想法。明代以后开始流行编纂"地方志"，过去的历史研究中也多有利用，其原因正在于此。

转换还是继承

明朝采用实物主义，在财政和经济中尽可能规避以货币作为媒介。如果实施彻底，经济活动就不需要商人和商业的参与，因此也是农本主义。

金银的使用禁令从一开始就与实物主义、农本主义互为表里，金银很可能被用作货币，所以规避就是目的。

与此同时，明朝发行了名为大明宝钞的纸币。反过来说，在当时的社会形势下，如果没有禁令和替代品，金银就会重新流通，至少部分地区是这样的。这也雄辩地说明，明朝认识到了民间社会使用金银和货币的现状。

在后世的我们看来，这样的政策包含着巨大的矛盾，甚至对实物主义政策的存在都持怀疑态度。但从整体而言，明朝政府似乎并没有将之视为矛盾。

上述方针政策不是从一开始就全面推行的。制定宝钞是在洪武八年（1375），即距离建国不久的明朝初期。当时，前代遗风和蒙古时代的"连续性"，尤其在制度上还很浓厚（宫崎1992〔1969〕），中书省和行省也依然存在。在地方行政上，明朝只能尝试推行宋元的制度。

宝钞本身无论外观还是内在，设计还是功能，都与蒙古的交钞如出一辙。明太祖在敕命中也说道，"其法省便，易于流转，可以去鼓铸之害"（《明太祖实录》卷九八，洪武八年三月辛酉朔）。这确实可以看作对蒙古币制的继承。

然而，光看这样的过程就无法理解明朝政权的整体倾向，其抑商主义意识形态的存在也会遭到否定。为了看清其中真相，有必要将宝钞与其他通货政策的关联性以及此后的发展过程结合起来考察。让我们稍微具体一点确认其中的情况。

宝钞与金银

这里的重点是，宝钞的发行从一开始就是与金银货币的禁令同步实行的。宝钞也有面额，是用于代替铜钱的高额通货。此外，尽管金银的使用遭到禁止，但"以金银易钞"却获得认可，因此其意图应该是将市面上既有的流通金银置换成宝钞。

那么，这样做的目的是什么呢？很可惜没有留下记载，但贵金属本身具有价值，可以不随权力的意向为民间流通提供物价基准，甚至可能独自使用，开展独立于政府之外的经济活动。以兑换准备等方式与纸币相连的近代通货制度也是如此，不如说权力限制了金银的使用方法,是控制民间经济的体系之一。

何况大量存储和使用金银的,正是江南的富裕阶层。明朝后来有意识地对这些人加以迫害和镇压,发行宝钞和禁止金银也是与压制江南相辅相成的政策。如此,权力的目标也就清晰了,那是直接统治社会的一环。

这一意图真正付诸实施,就是胡惟庸案以后的一连串冤案,以及伴随而来的对富裕阶层的镇压和屠杀,还有行省和中书省的裁撤。但要说在此之前,这些目标或企图完全不存在,那也是无法成立的。

总之,至晚在洪武后期到永乐年间,由政府发行宝钞,以权力设定价值,从而规范社会经济已经成为明确的方针,并最终演变为有明一代的国策。

最早是在洪武三十年(1397)春,杭州地区以金银定价和交易商品,"由是钞法阻滞"。于是明朝发布命令,禁止民间用金银交易(《明太祖实录》卷二五一,洪武三十年三月甲子)。接着是在永乐元年(1403),继位不久的永乐帝再次下达禁令。第二年春,永乐帝发布敕令称:"朝廷始以钞法不通,皆缘民间银钞兼用,而率重银轻钞,故禁其交易。"(《明太宗实录》卷二九,永乐二年三月庚戌)

这些史料都将宝钞和金银并列,并从中选择了前者。虽然隔着建文朝,但论述和思考的框架并没有变化,那就是将民间的流通手段强行纳入政府的价格体系和制度框架之中。

其间也有认可宝钞和金银并存的事例,但这些都是遭遇"民困"时的措施,只能作为临时性的例外和暂时性的妥协(《明太祖实录》卷二五一,洪武三十年十月癸未)。因为在现实中认识到了金银流通的状况,毋宁说也是自然的结果。

永乐时代的情况

明朝采用实物主义,对于流通手段中残存的纸币和贵金属,认可纸币而禁止金银,由此从富裕阶层手中接过了流通手段和价值体系的主导权。这终究是以农本和实物作为前提,宝钞和铜钱从数量比例来看,都是辅助性质的。虽然历经曲折,但在进入15世纪之前就是基于这样的理念使用宝钞的。

此后,忠实继承这一方针的是永乐帝。出于篡夺皇位的内疚,他最需要的就是来自洪武的正统性。

总之,洪武至永乐年间的实物主义,以及相辅相成的通货规避体制形成了明朝的祖法和国策,也成为束缚后世子孙的枷锁。那么到了15世纪以后,旨在对民间经济进行权力统制的不兑换纸币宝钞,在现实中又迎来怎样的命运呢?

史料上最引人注目的就是其价值的下跌。永乐元年(1403)重申金银禁令,这意味着洪武三十年(1397)的禁令已经不再发挥作用。不仅如此,永乐十七年又再次重申金银交易禁令,这也说明前一次的禁令已经失效。其间宝钞的发行仍在继续,但价值已经大幅跌落。永乐二十年的敕书中道:

> 昔太祖时钞法流通,故物贱钞贵,交易甚便。(《明太宗实录》卷二五一,永乐二十年九月己巳)

自洪武八年(1375)发行以来,宝钞在太祖一代价值不断变动和贬值,为此也制定了相应的政策。永乐帝完全无视这些经过,仍然给予宝钞高度的评价,这显然不只是出于子孙的祖宗崇拜和后世的尚古思想等动机。

同样的史料中还提到,目前宝钞交易"物价腾贵"。但与其说物价上涨,不如说洪武年间"高价"的宝钞发生剧烈贬值,今昔形成了强烈对比。

永乐时期的明朝除了以迁都北京为首的财政支出外,还有频繁的军事行动带来运输和交易量的增大。为了满足需求,南京之外的北京也设立了宝钞提举司,用于增发宝钞。这是永乐七年(1409)之事,此后没有出现过停止或抑制发行的记载。宝钞的贬值已经成为必然趋势,人们逐渐认识到,宝钞过剩而不回收是其贬值的主要原因。

革新的理念

永乐年间,原本与金银禁令相辅相成的宝钞制度几近破产。宝钞的价值显著下降,这就意味着无法用于既定的场合;但是发行仍在继续,这又意味着政府没有听取社会的意见和动向。明朝所期待的社会直接掌控,至少在使用宝钞和禁止金银层面已经走到了尽头。

中国的王朝政权似乎对于经济增长问题意识淡薄,当然有时作为个别现象,也会对物价和景气动向有所把握,但很少能够考虑会对哪里产生怎样的影响,以及要为此施行怎样的政策。即便考虑了,也很难超出直接掌握的财政范围。

勉强出现类似的考虑是在宋朝到蒙古帝国时代,蒙古帝国发行能够兑换的交钞就是其中一例,因为结合民间经济的白银和纸币共同维持着通货的价值与信用。

明朝则正好相反,进入15世纪后,尽管经济出现了复苏的态势,但政权并没有修正政策的迹象。比起现状的推移和经济的动向,祖法的规定和制度的原则才更加受到重视。

真正面对宝钞业已走到尽头的现实,尝试革新制度是在宣德年间。这里的革新并不是对宝钞所依据的体制原理进行重新审视,而是在政策和制度层面做出应对,比如对商税的利用。

钞关

商税,顾名思义是针对商业的流通税,宋代开始制度化,蒙古帝国以"塔木加"之名推广到整个欧亚大陆。借助征税回收交钞,也能起到调节市面上交钞流通数量的作用。

明朝沿袭了商税制度,但在理念和定位上很不相同。这一点与纸币宝钞的情况是一脉相承的,两者的关联恐怕不是偶然。

面向流通领域征收的商税,在明代改称为"关税"。这也是现代语中"关税"的起源,明代以前不存在关税的说法。这里的"关"通"闭",是关闭的意思,具有使流通的东西停下来的语意,因此是针对商业流通的规制性表达,很有明朝的风格。从中也不难看出,不同于宋元时期从交易中收取利益作为财政收入的理念,明朝的意图就是抑制商业发展。

明朝基本上不承认对外贸易,因此征收关税的设施都在国内,称为"关"或者"钞关"。"关"所征税的对象就是宝钞，宝钞本来是鉴于商业流通无法根绝的现状而发行的辅助纸币，当然也能够用于流通路中"关"的纳税。

"钞关"的名称此后被完全不使用宝钞的清代和近代所继承。可以说，发挥作用与名称相符的时间，只有15世纪前期的十几年。

宝钞制度走入了死胡同，这一点在永乐年间就已经明确，但制定具体的措施仍要等到宣德年间。宣德三年（1428）再次发布使用金银的禁令，同时也停止了大明宝钞的印制，其目的是促进宝钞代替金银使用，减少过剩宝钞的堆积。

为此，政府必须积极回收宝钞。宝钞是在商业流通情况下使用的，强化课税就能一口气回收。于是，主要城市的商店营业税都提高了，仓库业者和运输业者的课税自不待言，尤其显著的还是钞关。从北京到南京的运河沿岸要地都增置了钞关，对通行的船舶征收宝钞。钞关如其名称，就是为了维持宝钞价值而从事回收的机关。

宣德年间正式定都北京，明朝政权自洪武年间期待的从北向南的统治体制得以稳定，南北方的定位稳固下来，商品流通的恢复也走上了正轨。强化商业课税、增置钞关和回收宝钞，都是趁着这一时机推出的政策措施。

然而，这些政策反而带来交易迟滞和物流闭塞，政权的期待落空了。宝钞的使用没能推广，贬值势不可当。如果继续执着于宝钞制度和背后的实物主义，恐怕会给政权的维持和官僚制度的运营带来阻碍。即便再怎么思维僵化的政府，似乎也开始察觉到这一点了。

二、实物主义的归宿

"金花银"和"折粮银"

宣德三年(1428)以后,明朝没有再发布金银禁令。宝钞是金银的替代品,考虑到宝钞的使用和回收停滞不前,这就意味着金银的使用事实上得到了默认。当然,这会给实物主义,特别是财政方面带来影响。

依靠权力强制流通的宝钞最终没能在民间普及,无论怎样强化回收,其价值的跌落都难以挽回。其原因是白银流通在民间不断扩大,特别是以江南为中心,整个经济界开始无视宝钞和禁令。明朝确实在政治和军事领域统一了南北,但在经济上,最终都没能完全掌握江南社会。

这样的趋势也反映在政府内部,那就是出现了对宝钞和实物交易的批判。

宣德八年(1433),明朝下令江南官田的税收中,每石米以二钱五分白银代纳,最终收到了400万石即白银100万两,这就是"金花银"。事情的起因是当局认为实物难以收齐,加上租税谷物需要由纳税的农民亲自运往南京,劳力不堪重负,不如改用白银征收更为便利。

三年后的正统元年(1436),除官田之外,浙江、江西、南直隶(今天的江苏和安徽两省)、湖广(今天的湖南和湖北两省)地区的土地税也都以白银形式征收。这就是"折粮银",单从名称上看其意义也非常清楚。由于明朝推行实物主义,表示谷物的"粮"是指税金,"折"是折算的意思,因此"折粮银"就是把原本用粮食实物缴纳的税金折算成白银。

文武百官在领取俸禄时,首先在北京获得称为"俸贴"的换取证,然后拿到南京,领取"俸贴"上记录的谷物数量,这是基于实物主义和宝钞使用的做法。对此,特别是北京的武官提出反对,希望以白银支付俸禄,征收"折粮银"也是以此作为背景的。

白银的偏重

尽管是王朝的原则性法令,但无论宫廷还是官僚,都对领取实物和以此交换其他物资的规则及惯例感到厌恶。除了手续过于烦琐外,在经济上也有切实的理由。因为如果换成其他物资带回北京,由于米价便宜而其他物资昂贵,就会导致入不敷出。官方的兑换比例是"米一石＝铜钱一千文＝银一两",但单从"金花银"的换算来看,米价只跌剩了四分之一。换言之,农业生产得以恢复,作为王朝初期课题的农业复兴业已达成,而作为实物补充的铜钱和宝钞也已经无法满足现实需要了。

财政以实物运营和出纳难免烦琐,不如用民间早已流通的白银征收,再用白银支付官僚的俸禄更有效率。

从"金花银"和"折粮银"可以看出,白银的流通在民间已经十分普遍。原本以实物征收的租税改为以白银支付,这一惯例的正式确立也在这个时候。值得注意的是,构成政权的官僚对于俸禄的要求,成为此次改革的一大契机。

即便作为官僚,其日常生活无疑也是民间经济社会的一部分。王朝政权的实物主义已经无法运转,官员的行动正是这一现实的反映。反过来说,包括官僚的生活在内,明朝政权并不具备与现实生存的社会及其间发挥作用的商业交换相适应的法令制度。

宣德年间是再次发布金银禁令,极力维持宝钞制度的时代。宣德末年,这些措施的转变非常具有象征意义。方针和现实往往背道而驰,民间早已将白银用于交易,祖法已然失去了作用,但这一点直到宣德时期才在政府层面上突显出来,并且不得不予以公认。尽管如此,政府的理念和原则仍没有发生改变,这同样不容忽视。

开中法及其归结

银纳化自然不会只停留于土地税收,而是波及方方面面,北边防卫的物资补给也是其中一例。为了确保边境防卫没有漏洞,负责补给的商人被赋予暴利的食盐专卖权。如前所说,这就是开中法。

自古以来,中国的财政支出中军费占据很大的比例,食盐专卖就是为了满足这一需求。方式因时代和政权而多种多样,开中法制度在宋代就有先例,与其从食盐交易和消费中收税,再将税金用于转运军事物资,不如将专卖特权转让给提供军需的商人,这样的做法更有效率。

由于明朝采用实物主义,开中法终究是以实物交换为核心。军需称为"纳粮中盐",军马称为"纳马中盐",后来不只是军需,宣德年间试图通过收回宝钞来维持价值,称为"纳钞中盐"。

总之,为了满足财政支出,明朝与历代一样推行食盐专卖。具体制度和方式并非没有先例,但明朝在商业课税最多的专卖经营中推行实物主义,这显然是自相矛盾的。制度的破产早晚都会到来,这是不可避免的命运。

商业资本的抬头就是典型现象。开中法实施之初,调运粮食的任务主要是由北边附近活动的商人,即陕西和山西商人承担,他们被称为"山陕商人",也因山西省的雅称而被叫作"晋商"。借助开中法的收益和北边屯田的运营,他们成长为权势财阀,学界称为"山西商人"(寺田1972,小野1996)。

但是,政府和官僚都需要白银,这是显而易见的。在这样的趋势下,食盐专卖权的回报自然也用白银支付。史料中称为"纳银中盐",这只是沿用之前的行政术语,但经常遭到误解。既然白银是货币,那么所指无非就是购买专卖权的意思。

既然使用了白银,就不必将实物的调度、搬运、纳入都交给一个人承担,也无须依靠边境附近的商人,毋宁说邻近食盐的生产地和流通地才更加便利(藤井1943)。于是,南方商人开始崛起,也就是所谓"徽商"。他们是出身安徽省徽州的商人,有时根据徽州的雅称称作"新安商人",后来也成长为著名的财阀(藤井1953-54,臼井2005)。

此后,山西商人和徽州商人君临中国财政界数百年。明朝的制度原本是以实物主义维持对社会的直接统治,从中经营边境的防卫事业,结果却诞生了商人财阀。如此讽刺的经过,在其他领域也是共通的现象。

徭役的作用

徭役也是其中的典型。徭役制度曾经是明清史研究中最耗费精力的问题之一,因为徭役堪称实物主义的化身,它的演变最能反映当时中国社会的变化。

唐代以前,控制人身强制劳作本身就是政治权力,而徭役是其中主干。最容易理解的例子是兵役,但不只是军事,土木工程和事务劳作都要直接征发人力,这种权力表现形式十分普遍。

但是,人如果总被强制使役,就会丧失劳动的意愿。为了提高劳动积极性和劳动效率,报酬是不可缺少的。

在中国历史上,8世纪唐朝以前都是控制人身强制劳役的体制,但10世纪宋代以后转换为支付报酬招募劳动的体制。众所周知,唐王朝的兵役由征兵转变为雇佣的募兵,这也是所谓唐宋变革的一个侧面。

明朝建国时,经济萧条已经到达谷底,流通极度萎缩,故而采用实物主义。也因为如此,明朝复活了从前的劳役制度,直接征发劳动。具体情况当然不完全等同于唐朝,而是具有明代特色的制度。

徭役是由"徭"和"役"两个相似文字组成的词,这里分为正"役"和杂"徭"。明代制度的主要正役就是里甲。前文已经提过,一百十户组成"里",其代表称为"里长",然后设置十户组成的"甲"及其代表"甲首",负责里内的纠纷调解和年贡收入的调配搬运。为了公平地轮流分配里甲正役,各地制定了名为"赋役黄册"的户籍账簿。

除主要劳役外,还有各式各样零散的杂徭,包括从事官衙的杂务、充当官僚的随从等。

正役和杂徭统称"徭役",相当于当地的公共服务。从现代角度来说,这些劳动是为了让地方公务员和自治会委员顺利推进当地的行政事务。换言之,人们通过服徭役满足了各地行政服务及其地方财政津贴的需要。

从"力差"到"银差"

但实际情况终究是劳役,不纳入狭义的政府财政。在征收、分配、支出税金的政府财务中,徭役是不加入计算的。

即便在今天,劳务也很容易产生负担不平等,当时的中国更是如此。15世纪中期,包括生产恢复在内的社会经济发展,以及居住形态的变化逐渐显现,随着时代推移,里甲的轮番制开始走向崩溃。不仅如此,各地"杂徭"不断加重,其摊派与里甲"正役"重叠,明显不公平的事例时有发生。

15世纪40年代,地方上开始了负担项目的整理和摊派方式的改革,江西省推出的就是均徭法,最后向全国推广。到15世纪末,劳役负担的一部分开始以白银代纳。与土地税一样,官僚希望获得使用便利的白银,民众也欢迎减轻实际负担的纳银,两者的利益是一致的。

调整团体内部利害纷争的"里甲",统一各类杂务的"均徭",运营官僚住宿和交通设施的"驿传",维护当地社群治安的"民壮",总称"四大差役",给平民带来了沉重的负担。"差"不是指"差异",而是"差遣使唤"的意思,"役"基本是同义。总之,这些"差役"与其征发劳动力,还不如收取白银后雇佣专业人员代为执行。

这样的白银代纳就是"银差",区别于此前亲身服役的"力差"。尽管不同地域间存在先后,但"银差"确实逐渐取代了"力差"。

其间的动机各不相同,不过"银差"与其说是承担方民众的呼声,不如说是使役方官僚的强烈要求。与其使唤技能生疏的志愿者,任用熟练工不仅方便开展劳务,在白银的授受过程中还能够有所收益。

"银差"的转换和徭役的银纳化,其根源在于"官僚对白银的渴求"(岩见1986),这与租税和俸禄的情况是完全一致的。当然,其前提是官民都认为白银的获得和支付更为便利的整体社会形势。然而,北京的中央政府几乎毫不察觉和理解其中的奥妙,这就是明朝的体制问题。

第 7 章

走向流通经济

一、白银化的前提

破绽

如前章所说，构成主要财政的出纳几乎都置换成了白银。禁用金银和使用实物、宝钞是为了明朝的权力直接统治民间，而白银的使用意味着这样的体制出现了破绽。

最典型的就是宝钞这一不兑换纸币的命运。前章已经详细讲述了宝钞因为遭到民间抵制而价值暴跌的过程，不过既然是抵制，当然需要有能够替代的物品，那就是白银。

这虽然是民间的动向，但不只是如此。民间社会的经济活动直接影响到官僚的生活，因此即便是无声的民间动向，也多少会反映为官员的呼声。他们要求以白银形式获得俸禄和徭役，就是很好的例子。

总之，试图以权力直接控制民众的明朝体制，在民间力量面前惨败崩溃。白银财政的倾斜再次反映出行使权力的官僚和构成政府的官僚制度,实际依存于民间经济的构图。进一步说,这也显示出明朝的政策制度本身不仅脱离民间社会,也脱离了官僚制度。

但是,明朝直到最后都没有公开修正祖法,这正是明代史难以理解的地方。官与民、体制与社会、制度与实体、史料与现实,中间存在着巨大的隔阂。在地方层面上,当地官员苦于法令和社会、制度和实态的乖离,最终大声疾呼制定新的政策,这几乎成了惯例。

经过政府的手续,终于留下了史料记录,我们由此才能知道事情的经过。否则,再重大的问题也不会记在史料里,没有史料就无从知晓事实了。明代特别是在社会经济领域,哪一年发生了什么往往是无法断言的,其原因正在于此。

因此,民间社会打破权力体制,迫使其转型的过程,想要细致考订是非常困难的。但财政这一政府的主干确实发生了变化,我们需要从更广阔的视野来追踪这些民间的动向。

银纳化

最能反映从实物主义向银纳化转变的制度就是徭役,从前的研究对此寄予极大的关心,投入了大量的劳动。

在当地征发民众,强制承担徭役的制度,或者说"力差"这种方法,无疑是实物主义的体现。但七百年前的唐朝姑且不论,在15世纪中叶以后的世界里,强制征发劳动服务的形式不仅十分过时,效率也极为低下。

于是,劳动的提供者和接受者都开始厌恶被征发者本人的服务。负担者与其不情愿地从事劳动,不如用白银支付代金,由接受服务的一方雇佣熟练工。这一点得到公开承认，至少要等到15世纪后期。加上徭役名目繁多，劳动形态多种多样，就更是滞后了。

当然，实物主义"力差"必须分别征发，如果置换为"银差"，各种征发就都可以转换为白银，放进"一个大碗"统一计算。这种走向的终极制度形态就是著名的"一条鞭法"，在教科书式的年表中，这是16世纪末的制度。

如前所说，受各地具体情况的影响，个别时间的确定是不可能的。但最终达成花费了一百年以上的时间，是贯穿整个明代的过程。

以徭役为典型，征税和财政体系实现了普遍的白银化。尽管从纳物转变为纳银，但严格说来，这并不是货币化或通货化。因为白银并没有作为官方通货获得使用，充其量只是作为贵金属得以流通，是权力的金融性、财政性调整和操作所无法干涉的实物。换言之，实物主义的制度框架残留到了最后，这样的事实值得留意。

背景和前提

所谓实物主义，本身就是为了复兴因战乱、寒冷、萧条而荒废的农村和农业生产，或者说是将之作为第一要义的体制，其基本前提自然是自产自销和地产地销。

但是，墨守成规的原则往往因为错综复杂的现实被迫调整，导入最低限度的货币和利用商人都是如此。地点和时间不同，产物自然也不相同，于是就会产生有无和丰歉。交换和商业的存在可以默认,但必须尽量控制在最低限度,实物主义就是在这样的理念下运营的。

任何体制都包含着理念和现实的矛盾,而明朝最大的问题在于诞生之初就背负着与蒙古敌对的宿命。政治权力是暴力机关,没有军事力量就无法成立,但军队是纯消费部门,如果没有征兵和屯田,就无法实现自给自足和实物主义。明朝出于应对蒙古的需要,在北方边境配置军队,并且部分实行了屯田和征兵,但全面推广是不可能的,物资调度还是需要依赖商业,这也是实行开中法的原因。

迁都北京之前无须运送太多物资,政府当局的需求也控制在最低限度。然而永乐帝迁都北京后,中央政府在维持自身的同时,还积极接手了对蒙古维持军事力量的任务。在北方边境这一生产力低下的后进地区,形成了纯消费阶级的军队和官僚高度集中的消费地。如此,仅仅依靠开中法是不够的,必须从南方运来大量的物资,特别是保障北京的食盐和粮食供给。

从物产丰富的南方运输物资到首都,当时汉语中称为漕运。在此,大运河重新发挥了作用。由于通往北京的漕运和蒙古时代完全一致,明朝重新疏浚了元代开凿的会通河。当然,商业本位的蒙古帝国有志于海上贸易,通常利用效率更高的海运,但厉行海禁的明朝自始至终依赖大运河,税粮的运输量超过了宋代极盛时期的400万石(一石约合108公升)。

既然南北距离如此漫长,需要运输的官用物资如此庞大,在此基础上各种流通的复活和发展就是不可避免的。以人体作比,大运河是大动脉,从中延伸出支脉和毛细血管,最后是血液,也就是南北物资的生产和流通。照这样看来,相当于产生流通的心脏和制造血液的骨髓的,正是江南三角洲。

江南三角洲的历史

这里所说的"江南三角洲",是由南方的钱塘江和西北方的长江包围起来的冲积平原,相当于当时苏州、松江、常州、湖州、嘉兴、太仓五府一州的范围,其中心就是苏州(图14)。

现在当地的中心大城市当然是上海,但这一时期的上海刚作为聚落开始发展,由于冲积作用不足,直到前代连土地本身都不存在。几百年后,上海才接过上游苏州的繁荣而发展起来。

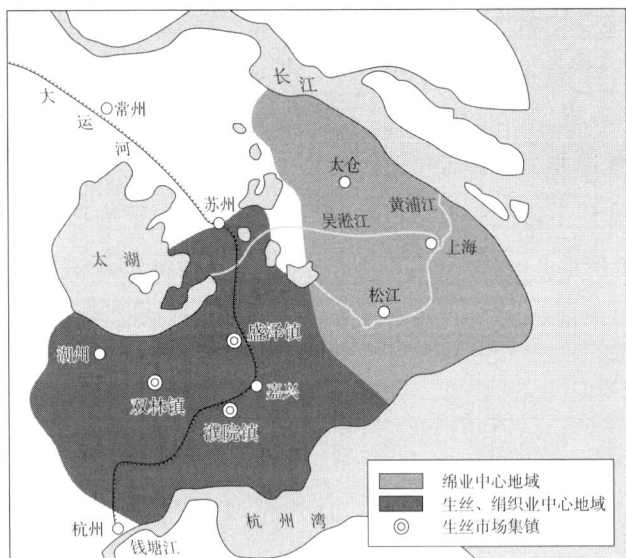

图14　江南三角洲

出处：冈本2013,有改动。

苏州是古代称为"吴"的地方,公元前的春秋时期就已经存在集市,但其飞速发展的历史并不久远,顶多可以追溯到10世纪的所谓唐宋变革。

大约五百年前,当时统治此地的是吴越国,尽管臣服于中原,但也是五代十国中最富裕、最安定的国家。吴越国的领域大致相当于今天的浙江省,同时还领有包含苏州在内的江南三角洲全境。

吴越国富裕和安定的实现,主要有赖于经济政策的成功,特别是江南三角洲的开发。三角洲湿地在这一时期正式排水开垦,水稻种植得以普及。

因此,首要任务就是灌溉和排水的控制以及平坦土地的形成,再加上地处沿海,必须运用土木技术建造防止潮水和盐害的堤防。为了满足这些条件,工具和技术必不可少,同时还需要拥有技能的劳动力,以及将他们组织起来的领导力。日本具备全部条件一直要等到战国时代。

此后三角洲的湿地普及水稻,成了养活众多人口的粮仓地带。谚语称,"苏湖熟,天下足","苏"是指苏州,"湖"是指湖州,以此指代三角洲全境。"苏湖"有时也可改为"苏常",就是用苏州以北的常州代替南方的湖州。换言之,只要江南三角洲获得丰收,全天下都能够吃饱。

其实,无论在北宋、南宋还是蒙古帝国,这一粮仓地带都是救命稻草。最能反映这一情况的证据就是,北宋的开封,南宋的杭州,元、明、清的北京,每个政权都把首都设在大运河沿岸。为了满足庞大的消费需求,必须从富饶的江南三角洲调集粮食和物资。

二、江南的发展

重压

江南三角洲的丧失给予蒙古帝国致命的一击。在14世纪后期的群雄割据中,出身私盐商人的张士诚势力最大,这也是因为他占据了江南三角洲的中心苏州。北京的蒙古政权因为失去江南,不得不走向衰亡。后来打倒张士诚、统治江南三角洲,同时把蒙古赶出中原的正是明太祖朱元璋。

明太祖以严厉的姿态对待江南三角洲,这虽然可以视作对抵抗自己的报复,但不如说也是在统治上最为重视此地的表现。

这样的重视表现为镇压和重税。后面将会提到,太祖重用的苏州文人名士、原本张士诚的属下高启被处死,这是洪武初年的文字狱事件,其背后就是对曾经敌对的苏州和整个江南三角洲的恐吓与威压。此后洪武和永乐年间,冤狱事件和"靖难之变"等对待敌对权贵的攻击和镇压持续不断。

当然,其中也有实际的利益。权贵自然都是地主,可以没收他们的土地,但驱逐地主并不意味着解放佃农,毋宁说是由政府取代地主的位置,征收与此前等额的佃租。官田成了明朝的钱袋子。

政府作为地主拥有田地,这本身不是明朝的独创,而是沿袭前代的制度。13世纪后期的南宋出现了"公田",蒙古时代得以沿袭,明朝只是扩大了规模。但是,数量的增加确实成了江南三角洲的沉重负担。

　　大约二百五十年后，苏州出身的硕学顾炎武指出，仅江南三角洲五府就承担了天下赋税的70%，自然民生凋敝（《日知录》卷一〇"苏松二府田赋之重"）。反过来说，江南三角洲能够承受如此沉重的负担，生产力极度发达。或许对于明朝政府而言，即便是为了从江南三角洲榨取收益，也要努力通过农本主义和农业复兴来维持它的生产力。

演变

　　无论如何，在江南三角洲的统治完全符合明朝的基本体制理念。换言之，为了将经济先进地区的南方强行统合于政治中心但经济落后的北方，明朝推行着从北向南的威压统治。

　　反之从江南三角洲的角度而言，它从明朝成立之初就饱受压制和迫害，特别是被北京取代了中央和首都圈的地位。因此，江南三角洲不可能顺从于北京政府，也没有响应政策的动机。如果政权推行合理的经济政策，施政上促进民间和江南三角洲的繁荣那还好说，但实际情况完全相反。"抗争（resistance）"成了江南三角洲社会如同通奏低音[1]般的存在（宫崎1992〔1954〕）。

　　同时，江南三角洲内部也有一些情况。恐怕从14世纪开始就出

---

[1] 通奏低音（basso continuo）：原本是指巴洛克音乐最重要的特征之一，因整个作品中都有一个独立的低音声部持续存在而得名，这里是将江南社会的抗争底色比喻为音乐中的低音声部。

现地壳变动,吴淞江干涸,上海、松江附近的排水过于顺畅,已经不再适合水稻栽培。于是出现作物的转变,蒙古时代正式普及了从印度传来的棉花栽培和生产。此外,太湖沿岸的苏州和湖州大多种植桑树,养蚕业十分兴盛,江南三角洲本身发生了巨大的变化(参照第118页图14)。

江南三角洲是宋代以来被称为"苏湖熟,天下足"的粮仓地带,人口众多,大运河贯通南北,河流纵横交错,交通极为便利。在这样的土地上,除棉花栽培和养蚕外,作为农副业的纺织、缫丝、机织也普及开来,轻工业快速发展。

同时兴起的还有伴随纤维业的染色、哑光、刺绣等产业,江南三角洲成为首屈一指的工业地带。从长远来看,这些产业不只是农村的副业,一旦都市中出现专门的工场,手工业也会出现工业化的动向。

当然,人们的生活没有因工业化而变得轻松,不如说是相反。副业也好,专业也好,工业制品必然伴随商品的买卖,因此产生激烈的竞争。想要不被淘汰,最重要的就是低价生产,尽一切可能减少劳动成本。最容易节省的是劳动力和服务的价值,在激烈的压制下几乎成了无偿的。后来,华人劳动力作为吃苦耐劳的低廉"苦力"闻名世界,其原点正在于此。

总之,劳动力是必须的。伴随手工业的发达,原本人口众多的江南三角洲聚集了更多的人群。由于水田面积和水稻生产减少,当地的粮食已经无法养活不断膨胀的人口。

同时,工业化制品不可能只是自给自足,作为商品贩卖的动机高涨,因此需要保障制品的销售市场和再生产原材料与粮食的生产地。江南三角洲的工业化,不只是江南三角洲本身的事态。

湖北和湖南的开发

我们所熟知的现代中国的通用地名和分界,大体是在明朝时期固定下来的。但南方还有一些与今天不一样的地方,其中的典型就是陪都南京和江南三角洲所在的"南直隶"。这是有来历的例子,也有一些没有来历的。

长江中游在当时称为"湖广",现在是湖北和湖南,"湖"当然指洞庭湖。这里自古就是著名的交通要冲。《三国志》中的荆州非常有名,既是英雄诸葛亮隐居的地方,也是关羽迎接悲剧性死亡的战场。到了13世纪末的蒙古时代,失去此地的南宋不久走向了灭亡。

这样的要地只有襄阳、武昌、江陵等有限几个城市形成了点和线,从面的角度来说,这里是中国开发最落后的地区。五代十国中统治此地的是荆南和楚国,无论领土面积大小,都是最弱小的国家。

这一时期,湖广地区终于迎来正式的开发,面貌为之一新。其动因就是江南三角洲的工业化,江南因工业化出现粮食短缺,故而在未开发的上游开辟水田,创建调集粮食的基地。

于是,湖广地区特别是洞庭湖以南得到开发,人口增长,交通便利。此时作为一个整体治理已经过于广阔,清代以后南北分隔,形成湖北省和湖南省。明代的湖广省开发还不充分,人烟稀少,只要开辟水田,生产就会有剩余。因此,粮食经由长江运往下游,供给江南三角洲。当然,回报就是江南三角洲特产的工业制品。湖广作为绝好粮食供应地的同时,也成为江南三角洲的商品市场。

"湖广熟，天下足"

首都北京及其周边住着大量的官僚和军队，但当地生产力低下，几乎是纯消费的地区，粮食、商品和物资都需要从其他地方寻求充足的供应。大运河开凿之初是基于"苏湖熟，天下足"，也就是把江南三角洲作为粮仓地带的构想。然而，江南因工业化人口剧增，粮食出现不足。为了扶植江南三角洲，又转而开发别的地区，也就是湖广。

以极其单纯的眼光来看，处理军政的北京、制作商品的江南、生产粮食的湖广，彼此以特有的功能相互连接，构成缺一不可的有机整体。总之，15—16世纪的中国已经形成了以工业地带为主轴的地域间产业分工体制。

脍炙人口的谚语"苏湖熟，天下足"或"苏常熟，天下足"，此时出现了变动。那就是"湖广熟，天下足"，地名发生了改变。江南三角洲也好，湖广也好，只要那里丰收就无须再为粮食发愁，句子的含义没有变化。

不过，尽管字面几乎相同，但背后的史实和构造却有很大区别（图15）。"苏湖熟，天下足"，意味着单一经营水稻的江南三角洲只要耕作稻米就能吃饱。"湖广熟，天下足"则不同，商人和移民开发了湖广的水稻单一经营，剩余的稻米运向江南三角洲，在粮食与工业商品交换、各自回应消费地需要的基础上，还满足了北京等地的各种需求。这就是当时的多层次分工体制，在"湖广熟，天下足"背后正是这样的体制。

于是，不只是自古以来作为特产的绢布和陶瓷器，棉花和茶叶也实现商品化并大量生产，行销中国内地的同时，还席卷了包含日本

北京

银　制品·税银

湖广　　米谷　江南　　　海外

制品　　　输出

银　制品　　银

广州

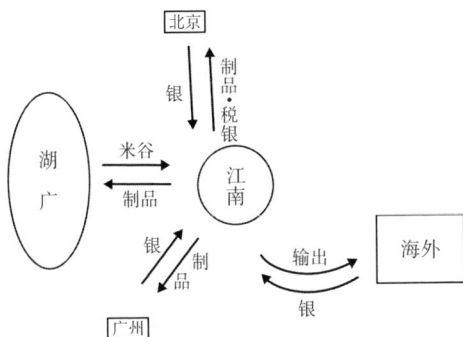

图15　"湖广熟，天下足"

出处：冈本2013，有改动。

在内的海外市场。直至19世纪末，茶叶都由中国独占，棉花则以"南京布"之名为世界所知。在起步于这一时期的形势中，中国的内外地区构成了各具特色又紧密相连的整体。

反过来说，在新建立的经济构造和社会构造中，如果不能连接彼此，个体和全体就都失去了意义。这就是15—16世纪的中国和东亚，其演变的核心在江南三角洲。

三、币制与贸易

背道而驰的制度和现实

这样各地以自身特点分别承担功能的构图，在明朝原本的制度设计中并不存在。不仅不存在，明朝的体制就是建立在否定这些要素之上的。

基本相当于中国本土的统治领域中没有地域差异和差距,全部实行均一、均质的直接统治,这就是天子君临的"中华"的恢复和统一,也是太祖朱元璋的理想。因此,即便南方经济再发达,也必须和北方最落后的地区步调一致,反映在经济层面上就是采用实物主义。

当然,各地一律均等终究只是理念和理想,要将地形和气候相异的地区完全同一,在物理上就是不可能的。因此,实物不能解决一切,必须承认交易的存在,货币也有所设定,那就是硬币的铜钱和纸币的宝钞。

尽管如此,实物主义仍是基本原则,与此相反的事物都要限定到最小。货币的发行是无可奈何的措施,从财政经济的实物主义和直接掌握人民的理念来看,货币应该尽可能地不制作和不使用。

这里看不到流通的增加和产业的发展,总之是不存在经济发展的观念。即便存在也十分稀薄,这是此后明清王朝政权都难以摆脱的体制。

然而,现实朝着与明太祖理念理想和制度设计完全相反的方向发展。而且这样的动向首先兴起于他所敌视的江南,那便是发端于长江三角洲地带工业化的地域间产业分工体制。

明朝的 "制钱"

不仅是生产的数量,物资的流通也在增加,各地区内外产品的买卖和交易自然也会增长。毋庸赘言,作为买卖中介的通货是必不可少的。

然而,明朝不制造通货。尽管制作了物理上的货币,但在实物主义原则和体制下无法起到作用,宝钞和铜钱都是如此。

前者已经被白银代替，那么后者又如何呢？自唐朝"开元通宝"以来，刻有年号的铜钱就是中国正统王朝权威的象征，因此它的铸造发行对于王朝政权而言是不可缺少的。因为关乎体制和尊严，所以称为"制钱"。

从字义来看，"制钱"相当于王朝政府批准的本位货币。字面上很容易理解为"正币"，但它真正发挥的作用是反映历代王朝政权的经济性质，因时间和场合而各有不同。既有如10世纪以后五代、北宋那样作为钱币流通的情况，也有像蒙古帝国那样放弃重新铸造货币，满足于既有铜钱的情况。

由于明朝是实物主义，这里的"制钱"与其说是钱币，不如说是起到王朝威信和象征的作用，至少明朝从来没有依据经济规模而铸造发行制钱。制钱的铸造和流通，都无法视为经济和财政制度的一部分。

因为与织田信长[1]等战国武将关系密切而广为日本人所知的明朝制钱，就是著名的"永乐钱"（图16）。这应该是永乐年间铸造的铜钱，但它在同时代的中国多大程度上作为货币流通，则是非常可疑的。

图16　"永乐钱"

---

[1] 织田信长(1534—1582)：日本战国时期著名武将，原为尾张国大名，后拥立室町幕府末代将军足利义昭上洛，逐步控制畿内地区。先后两次打破"信长包围网"，将敌对大名各个击破，掌握了日本国土的大半。天正十年(1582)六月，在京都"本能寺之变"中遭到家臣明智光秀谋反而自杀。织田信长的军旗上就有明朝"永乐通宝"的图案。

货币的生成

在这样的情况下，随着生产力的恢复和民间经济中商业流通的发展，通货变得必不可少。从日常生活到市场交易，没有货币就无法运转，但明朝的政策方针截然相反，因此作为经济中心的江南不信任政权。

那要怎么办呢？既然需要不存在的钱币，就只能自己来创造了。在当时的市场上，恐怕还留存着前代王朝发行的铜钱，既可以直接流通，也可以进行切割后用碎屑重铸而增加数量。此外还有用铜器制作铜钱，总之就是民间独立铸造。

这终究是"私铸钱"，用今天的话来说相当于假币，更何况还存在正统的制钱。不过，一般的假币是通过与真币的差额牟利，私铸钱却不一样，那是因为制钱虽然存在却无法使用，并非以赚取差价作为目的。虽然是私铸钱或假币，但终究带有通货的功能，在普遍的经济活动中不可缺少。

然而私铸钱还是存在问题。由于是各地独立重铸的货币，拿现代日本举例的话，就会让人联想起商店街的商品券。如此说来，形态上不一定要是铸钱，也可以像云南那样把贝壳作为通货，只要在特定人群和范围内承认其面额价值，就可以用于交易。反过来说，一旦走出这个范围，就失去了交易的价值。这就如同在某家商店具有价值的商品券，到了别的店里就是毫无价值的纸片。

从将铜钱视为"制钱"，理应在中国全境通用的原则来看，这一事态可以视作钱币体系的分裂和解体（足立 2012）。但在现实历史上，铜钱从来没有在全中国通用过。即便铸币最多、流通最广的北宋也不例外,正因为如此才发明了纸币,蒙古帝国又以纸币为基础构筑了通货制度。

仅从通用铜钱这一点看,不同时代存在着程度上的差异。但即便如此,前代政权至少将流通作为前提,试图把"制钱"作为通货进行管理,民间也以"制钱"的价值作为基准。明朝的情况却是,民间从一开始就不认可"制钱",独立创造出"私铸钱"的价值,这一点是相当不同的。

钱与银

这样的"私铸钱"即便外表相似,其内在也各有不同。比如 A 地铸造的钱币不能拿到 B 地使用,B 地有自己的私铸钱,即便和 A 地的钱币在形态和质量上完全相同,那也是各自铸造并赋予价值的,两者间无法交换通用。

为了让 A、B 两地使用共同的铜钱,维持 A、B 等地的广域信用,必须要有更高等级的通货管理。宋朝和元朝便是如此,但在明朝却并不存在。

只在一定范围内通用的钱币,对于当地的日常生活不会产生障碍,但如果是跨地域的交易就会出现困难。由于江南三角洲的工业化和"湖广熟,天下足",地域产业分工不断发展,远距离的大规模交易变得平常,只用当地的私铸钱是不够的,这时所需要的就是白银。

金银这样的贵金属存量少却有很高的价值,这是任何人都明白的道理,因此在不同地域和素不相识的人群中都具有同样的价值。

也因为如此,金银自古以来承担着货币的功能。在欧亚大陆的交易中,白银的使用量尤其之大,前代蒙古帝国也是如此。在此基础上,15世纪以后白银作为货币在中国推广开来,其用途就是铜钱无法满足的跨地域交易决算。

作为"地域通货"的钱币和作为"跨地域决算通货"的白银,两者构成的币制就是"银钱二元制"的原型(黑田1994)。现实中使用的货币此后还有多种多样,但这一币制的原理一直持续到20世纪,从中也能看到中国政府权力和民间社会的历史性关系。

白 银 与 官 僚

通过以上整理,上一章所提到的为何官僚对白银充满渴求,以及财政为何转向了银本位,都可以得到解答。宋代以来,中国官僚经常是候鸟般的存在,大多数地方官更是如此,他们往往要到素不相识且语言不通的异乡赴任。

也就是说,他们经常会从A地调往B地,即便持有当地的铜钱,一旦调任就无法使用,生活也会变得困窘,希望以跨地域使用的白银作为俸禄是很容易理解的。既然俸禄改用白银支付,作为来源的税收改为白银更是理所当然,配合着经济发展的步调,政府财政也转换为使用白银。

从跨越广阔区域的角度来看,从事跨地域交易的商人与官僚的俸禄、政府的财政是同样的情况。正因为地域间的交易需要决算,交易中才必须使用白银这种跨地域决算的通货。这一点无论中国内外,因为白银的价值在海外也不会改变。

明朝政府是禁止将金银作为货币使用的,无论是中国内部的广域交易,还是伴随朝贡的贸易交往,所设立的货币都只有宝钞。

但特别是后者,在明朝威令不及的海外,宝钞既没有任何价值也无法流通。在这样不使用金银,只通过宝钞进行的贸易交往中,结果就是带来实物和带回实物的实物主义实践。实物主义和"朝贡一元体制"中的贸易限制,背后都是作为货币的宝钞。

但是,由于中国内外对江南三角洲工业制品的需求高涨,宝钞在实际交易中已经毫无用处。内地的广域商业如此,海外贸易也不例外,对代替品白银的需求不断提高。

对日本、海外的影响

在此需要重新探讨"湖广熟,天下足"的历史意义。如果说江南三角洲的工业化加速了西部湖广地区的开发,那么这样的动向只是停留于西邻吗?

实际上,日本列岛在风土与气候上,与多山且高温多雨的湖北、湖南是非常相似的,两者都有着大量等待开发的土地。那么,江南三角洲工业化的影响在沿着长江西进的同时,跨越海洋波及东方边陲也就不足为奇了。

如此看来,日本中世的经济开发正可以说是"湖广熟,天下足"的东方版本,两者不妨视为东西平行的动向。日本冲积平原的水田化与湖广几乎同时,都沿袭了领先数百年的江南三角洲的开发技术。

西部的湖广在购入商品和技术的同时,也向江南三角洲提供稻米,成为中国地域内分工的一环。东方的日本又如何呢?由于和西部在交通运输上条件不同，无法同样以输出稻米作为回馈。那么，日本列岛承担的分工是什么呢？

当时的中国缺少通货，随着地域间分工和流通的活跃，迫切需要借助通货连接彼此，因而不得不使用白银之类的贵金属。但是，历史悠久地区的金银很早就被发掘利用，往往陷入资源枯竭的境地。中国也不例外，储量有限的白银只能从海外调度。

纵观世界，恰好具备丰富银矿的新兴地区，就是刚"发现"的美洲大陆和未开发的日本列岛。江南三角洲和中国沿海人民跨越波涛，与日本列岛连成一体的动机就在这里。如此，海外贸易已经不可避免且不可缺少，而当时的欧洲正在步入大航海时代。

这样的动向与试图遮断外界的"朝贡一元体制"、实物主义，乃至明朝的整个秩序体系、意识形态，都是逆向而行的。这已经不再是明朝内部的问题，必须用更加宏大的视野重新考察。

第 IV 部

社
会

明代とは何か

人们将乡绅选为保护者，其基准不是拥有土地或者与国家权力的联系，而是在地方社会中的实际保护能力。这样的保护能力，来源于乡绅周边所集结的众多人群。……人们之所以集结在乡绅周围，是因为人们集结在乡绅周围，这虽系明显的循环论证，但或许正是对乡绅的多样形态进行整合性理解的一个线索。

（岸本1999）

　　明朝的社稷最终灭亡了，神州因五胡而陆沉。这究竟是王阳明的罪过，还是东林党开启的党争的罪过，我们无法做出解答。但有一点可以作为结论，中国近世最终没有发展成为市民性的近世，而李卓吾之死正是这命定般结局的一个集中体现。

（岛田2003）

第 8 章

构 造 及 其 演 变

一、构　成

从物到人

如上一章所说,产业变化引发经济结构的重组,生成了相应的通货。一言以蔽之,都是"物"的问题。至此概括讲述了当时制造什么,又是怎样运作的。

那么,接下来要说的就是"人"的问题,造物和运作归根到底都是人的行为,而且一个人无法达成,需要掌握人与人所组成的社会的情况。

这样的领域称为社会经济史。从学术史角度来说,在日本东洋史学和中国史研究中,明朝及后继清朝的社会经济史研究最为发达,是积累了丰硕成果的领域之一。"明代很无趣",这是东洋史学自草创以来的定论,但它只是针对政治史而言。如果把社会经济史也考虑在内,整体来说还是非常有趣的。

在进入人和社会的讨论之前,出于便利首先要对上一章最后的币制问题做通时性的整理。从数百年的历程来看,其终点就是清代18世纪铜钱和白银两大货币稳定下来的时期,那么其开端又是什么呢?

钱币的定位

中国的法定货币是铜钱,因此为了维持铜钱的价值,需要对通货进行管理。但随着经济发展和交易速度的提升,铜钱的数量和作为原料的青铜开始不足,铜钱的携带也不方便,逐渐被纸币取代。纸币与白银连接,实现全面流通是在蒙古帝国时期。

然而,明朝否定了商业本位的蒙古帝国纸币流通体系,采用实物主义。为了应对辅助、例外性质的交易,明朝模仿蒙古发行了纸币宝钞和传统的铜钱。最初或许只是顺应实际的措施,不可能成为永恒的制度。

随着各地产业发展并出现特产,地域之间就有了分工。随着分工的进展,物品交易也变得大量而迅速。伴随商业的发达,货币更是不可缺少。然而,明朝政权并不承认货币和金融,而且作为王朝的祖法始终没有改变。

由于没有必要的钱币,民间独自创造和调集了用于日常生活的地域通货,以及用于远距离交易中跨地域决算的通货。换言之,作为亲近关系间使用的小额地域通货,就是加工既有铜钱制成的私铸钱;对于需要贵金属公认价值的跨地域决算,则必须使用白银。

这就是"银钱二元制"事实上的起步,此后被清朝政权所认可,最终稳定和完备。清朝不同于明朝,铸造并发行了大量的"制钱",甚至因为原料铜不足,需要从日本购买或者开发云南的铜矿。但是这样的"制钱"只能由王朝制造,政府无法控制它的价值,所以不能视为法定的通货。总之,这只是明代私铸钱的延伸,作为其替代品而已。也因为如此,后来又被其他货币取代。

作为跨地域决算通货的白银,其价值很早就被政府权力所承认。白银无论何处都价值很高而且稳定,作为货币的替代物十分便利。不仅是民间百姓,频繁调任的官员们也对白银有着强烈的渴求。

因此,政府也需要白银,不得不以白银形式征收租税和徭役。在这样的动向下,出现了著名的"一条鞭法",用白银交换的各类物资得以流通,最终白银的动向左右了景气本身。

地方团体

在我们的常识中,钱币应该由中央银行发行,受到政府权力的统一控制。但这在明代以后的中国却无法成立,因为货币是作为独立于政府权力的存在而流通的。从这一角度来说,蒙古以前的中国经济组织和财政制度,应当与此后的情况明确区分开来,其间的转机就发生在15世纪后期到16世纪。

明朝通货价值的信任和决定来自民间社会,但因为不存在详细介绍其间经纬的史料,实际情况并不清楚。比如私铸钱的使用人数规模如何,空间上的通用范围如何,想要准确知晓是不可能的。虽然结果终究只是假说,不过既然出现了私铸钱的形态,断定存在作为其通用范围的地方团体应该是没有疑问的。

从前的研究将某样物资以一定价格买卖的范围称为"地域经济"(岸本1997),或者从德语中引入了"支付协同体"的概念(黑田

2020）。东洋史学的奠基者内藤湖南等人直接将地方团体称为"乡团"（内藤1972），笔者则采用更具概括性的"中间团体"（冈本2019）。

如果将时代考虑进来，虽然如后文所说有各种各样的称呼，但原理几乎都是相同的。由于难以集中成一点，学者们只是从各自的视角进行概念化，所指实体并非大相径庭。

形成信任货币价值共识的关键在于，是否拥有即便在没有担保的情况下借出金钱，也能够顺利收回的信任和亲近关系。这种人际关系的连接方法，可以表现为血缘、地缘、同乡、同业等多种模式。

以上四种模式在中国基本是重合的。带有血缘的一族通常住在相邻的地方，拥有共同的乡里；如果存在家内生产，成员大多会从事相同的职业。

集团的形态

如果从血缘的角度给这些团体命名，那就成了"宗族"。"宗"是指祖宗，宗族就是拥有共同祖先的男性一族。中国自古就有同姓不婚的规则，这是出于祖先相同就是同一血族的传统观念。同族之人共有祭祀祖先的宗庙，以此为中心集结一族成员，其中包含着成十上百个所谓的家族。因此会有"同姓村"，即仅凭宗族就组成一个聚落的情况。

这样的形态在都市和农村有很大差异，即便同在农村，也会因地域不同而大相径庭。单从血缘这一点来看，宗族是形成团体共识的基本单位，起着极为重要的作用。

住在同一地方的"宗族"，在地缘上也是同乡团体。但不同的宗族也能通过同乡地缘接连起来,成为扩大关系的契机。特别是在城市的工商业中,从事相同生产就是同业团体。这样的团体种类繁多,规模大小不一,而且聚散离合激烈,因此很难统一把握。

这种团体在当时汉语中称为"帮""会""行"等,现代中国一般称为"行会"。也就是由同义的"行"和"会"结合起来的术语,本来都只是集合的意思。

如果从同业的角度观察"帮""会"的特征会发现,它们有着强烈的排他性,其他行业的人不能加入,亲戚子弟都以徒弟制度雇佣。同业组合中还有规约,也就是严格的内部规则。这与西洋中世的制度概念"基尔特"[1]有不少相似之处,实际上学界也有将其与"基尔特"混称的时候(冈本 2018b)。

当然,"基尔特"的规则在宗族中几乎同样具备,只是通常称为"宗法","基尔特"可以说是它的变体。无论采取怎样的形态,是否明文化,地方团体全部都有类似的规则,否则就无法保持规制和团结。如果出现违背规则的行为,当然会加以制裁。

连接的网络

这样的团结力和制裁力,意味着整个团体都具备很高的信用。比如当团体内部设定的钱币发生贬值,或是其他货币被带进来使用时,就会进行制裁和驱逐,那样的人就没有容身之地了。

---

[1] 基尔特(guild):中世纪欧洲商人或手工业者的同业团体,旨在相互帮助、保护和获得行业利益。有时也翻译成"行会",但此处为区别于中国的"行会",故采用了音译。

对外方面,比如围绕土地出现团体之间的对立,就会引发争斗。有时还会持有武器,那就是"械斗"。团体是武装集团的母胎和温床,这不仅是私人间的纷争,还可能扩大为内乱和战争。以后历史上的重大事件,离开了这样的构造都难以理解。

不只是经济和社会活动,能够引发战斗行为的民间团体与政府权力是怎样的关系,这才是问题所在。对于政权是顺从还是反抗,答案不同,关于其存在的认知和记录也会完全不同。

古今中外,任何社会中都有因离开既有体制而走投无路的人。这些人所组成的集团,在中国史的传统汉语中被记为"盗""贼""匪"。组合起来可以写作"盗贼""匪贼""盗匪"等,都是同样的意思。但在日语中,这些汉语动辄被解释为"小偷",这也是来源于中日社会构造和性质的差异,总之其内在是很不相同的。笔者姑且把"盗""贼""匪"统称为"秘密结社"。

这样还是会有误解,因为包含了"秘密"这一隐蔽的意象。他们确实是非法的存在,但并非总是潜伏在地下从事破坏工作。"盗""贼""匪"与普通民众接触、来往的情况也有不少(高岛2004,安田2021)。特别是在明代以后,地方团体开始不顾政府权力,独立开展经济活动。

因此,秘密结社也好,宗族也好,其本质是不变的。区别只在于对权力和法令顺从与否,而这又反映为是否信奉儒学等王朝政权规定的官方教学,"秘密结社"则被称为"淫祠邪教"。当然,这一时期也出现了不太明朗的情况,关于这样的局面需要另作详述。

学界通常把无关政府权力的地域构造、经济动向、社会连接称为"地域经济连锁"(滨下1989,足立2012,岸本2021)。这是非常出色的观察和表达,结合上文所说的情况,广域的江南在江南形成整合,湖广在湖广形成另一个整合,相互"连锁"相接的同时,各自内部又有着名为"基尔特"或宗族的单位,彼此构成了巨大的网络。

依照我们的感觉,这样的社会结合必然会联想到上下阶层。如果是企业,就有"大企业—中企业—承包商"等金字塔形的结构。但这是外来规制和一般规则为了左右事业规模大小和相互信任关系才产生的现象,未必符合不具备这些条件的中国社会。毋宁说,不分阶层的各个单位是像网眼一样组织了起来。

促使这种连接和网络形成的,正是上文所说的白银。下面将要考察实际携带白银、构成关系网络的人的侧面。

二、重　组

人身的直接掌控

建立明朝的朱元璋似乎是把天子直接掌控庶民作为终极目标,其中一例就是发布了名为"六谕"的文书。通过直接对话庶民的方式,天子亲自说教并要求庶民唱和,由此可见他的意图和方针。

"六谕"的内容是:

> 孝顺父母,尊敬长上。
> 和睦乡里,教训子孙。
> 各安生理,毋作非为。

都是极为简单的日常生活的道德说教，但也规范着微型的人际关系，紧扣重视上下关系的儒家教义，这一点与宏观世界观中的华夷秩序是相通的。

当时最主要的儒家学说就是朱子学，明朝将之作为官方教学。毋庸赘言，朱子学是12世纪南宋朱熹的学说，包含以前的学统，有时也总称为"宋学"。实际上，朱子学到南宋末年才逐渐稳定，在蒙古帝国统治下普及开来。此后明朝将朱子学教义定为官方教学，从其基础文本中选择科举考试的试题，合格的知识精英可以被任命为官僚。这样的体制一直延续到清末的20世纪初都没有改变。

尽管如此，但要说朱子学此后也一直都是知识精英热衷的学术，那也并非如此。其间详情将连同朱子学教义在后文中详述。

总之，朱元璋试图把朱子学说的核心直接灌输给人民。当然，这不会由他本人亲力亲为，而是设立了能够实际领导农村团体的领袖和责任人，也就是"老人"，通称"里老人"。他们与实物主义的里甲制度相关联，训导和教化子弟们服从政权的意识形态和教条。

流动化与"士大夫"

以上也是皇帝实现直接统治的一环。反过来说，从中央的皇帝到地方基层的"老人"之间，不能存在官僚、权贵、地主等隔绝势力。这是明太祖朱元璋的本心，还为除去中间物而发动了清洗，那就是前文提到的冤狱事件。

朱元璋通过财政经济的实物主义、农本主义以及思想上的教化，意图实现对社会的直接掌控,通过天子的权力统制塑造出固定的秩序。从这一层面而言,明朝的体制常常被形容为"僵硬"(岸本1995),此为灼见。但如上文所说,在设定制度和国策的同时,民间社会和经济正朝着相反的方向发展。

随着财政经济上的实物主义和农本主义出现破绽,产业多元化的同时不断分工化、商业化,货币需求不断提高,人的移动也日益活跃。一言以蔽之,社会的流动性上升了。在这样的趋势下,旨在构筑"僵硬"秩序的体制又将如何演变呢?

通过当时的史料直接掌握社会动向的整体面貌是非常困难的,因此需要留意频繁活动于地域之间、留下大量文字记述的官僚和知识精英的动向。

这类人通常称为"士大夫",简称"士",也就是在各类科举考试中合格的知识精英。他们被认定为将会成为政府的官僚,无论是否实际任官,都不影响士大夫的身份。

"士""士大夫"也称为"读书人",由于和日语中的意象相差较大,需要特别留意。他们既不是武士,也不是单纯读书的人,而是天下政治道德的领袖和庶民导师般的存在,其地位是通过熟读经书和领会仁德而获得的。这里的"读书"就是指读经书,而且要能够读懂经书。现代中国的"读书"也是研究学问的意思,和日语有微妙的语义差别。此外,中国知识精英的形象也与日本不同,这一点值得注意。

对知识精英熟读经书和领会仁德的程度进行测定,就是科举考试的最初目的。科举正式固定下来是在11世纪的宋代初期,此后延续九百年之久。其理想是挑选合适的官僚,帮助天子"治国平天下",因此就必须"先忧后乐",也就是比别人更早地担忧天下的形势,等人们都安居乐业了,自己才能最后享受安乐。这是知识精英的目标,也是矜持。

这样的"士大夫"在宋代基本是指在任的官僚,只要理解了官僚,就能大致把握当时知识精英的姿态。知识精英距离庶民很近,政府与民间的距离也很近,由此政府才可能根据社会的需要制定和实施政策。试图改造政权金融和地方劳役制度的王安石新法,就是其中的典型。

但明朝的情况有所不同,政府权力和民间社会是互不信任和逆行的关系,民间出身的"士大夫"不一定代表政府权力。反过来说,不代表政权的"士大夫"的动向,可以成为掌握与权力逆行的社会动向的线索。

团体的作用

随着商业流通活跃和社会流动性提高,竞争自然也变得激烈,产生了贫富差距。但是以静态和固定秩序为目标的明朝体制,是无法想象这些事态的。尽管时间不断流逝,王朝政权依然墨守祖法,因而无法提出应对现实变化的对策。当然,今天所说的社会福祉、安全保障网络等,在当时的制度、法律和行政上都是完全不存在的。

富裕的强者越来越富,穷困的弱者越来越贫穷,这是古今中外常有的现象,明朝以后的中国社会也是一大典型。此时发挥作用的,就是上文提到的民间地方团体。

通过血缘和地缘联合起来的组织,不仅能提供日常的相互扶助,也起到救济孤苦成员的作用。反过来说,如果不属于某个团体,遇到意外时就会活不下去。因此，在大陆人的集团意识、归属意识中，无论是否愿意，都不得不把集体放在最优先的位置。

那么，这些团体的领袖是谁呢？当然必须是受到众人爱戴、社会地位较高的人物。单纯的逃犯姑且不论，想要通过背离体制权威而获得个人魅力，或者以犯罪手段打破禁制来谋取利益也并非不可能。但既然选择不与权力对立，那么对于遵循既有秩序和官方教学的知识精英来说就是好机会。

中国的王朝政权往往在民间社会提拔为人师表的优秀人物，把他们登用为政府官僚。汉代的乡举里选、三国六朝的九品官人法、隋唐以后的科举，尽管方法各异，但主旨都在于此。

地域社会和精英自古就有很深的关联，精英的动向就是社会动向的反映。

集结的契机

如上文所说，科举的目的和士大夫的志向都是"治国平天下""先忧后乐"。理想虽高，任务也重。为了使科举合格的士大夫免于身心之劳，政府允许其享受优待。具体来说就是减免税役，称为"优免"。这也是从以前开始的惯例。

士大夫和官僚的地位权利由此得以彰显，但其中也有当时特有的情况。其一就是上文所说的安全保障网络的缺失，宗族和"帮""会"高度依存于团体，也增强了团体的存在感。因此，成为领袖之人必须拥有很大的势力，没有势力的人不足以成为领袖。其力量的来源就是士大夫的地位，更具体来说是享受"优免"的特权。

为了获得这些特权利好而应试科举的风潮不断发展,这样的世相与当时的出版业相辅相成,带来科举考试参考书籍的繁荣。有关科举的出版和学术等内容留待后文详述,这一切都与社会形势有着密切关系。

"优免"终究是科举合格的士大夫本人的特权,但也有人想要操作这一特权。这并非不可思议,为了回避过于沉重的税役、获得福利的保障,他们不惜将自己的财产和身体出卖给素不相识的士大夫,从而挤进"优免"的行列。

比如捐赠田产称为"诡寄"和"投献",人身隶属则称作"投靠"。"诡寄"就是假装捐赠,或许包含着抑制贪污的意思。但记录中更加多见的"投献""投靠"则是十分中性的说法,可知是习以为常的现象。

无论是作为课税对象的土地,还是作为劳役征发对象的身体,都渴望获得特权的庇护。对于在权力威胁面前无力自保的庶民来说,这是其顽强的生存战略,而士大夫正是集团集结的核心。

三、乡　绅

士大夫的分化

虽然称为"士大夫",但与"治国平天下""先忧后乐"的理想相去甚远。为了实现理想,首先要承担政治职务,因此在宋代,天子、朝廷、政治有着至上的价值,科举合格者几乎必定会任官。发挥自身培养的才德,为天下鞠躬尽瘁,这就是士大夫精英的矜持,也是存在的理由。

然而明代以后就不一定如此了,越来越多的人开始远离仕途。

明朝体制的目标是君主对社会的直接统治,因此官僚层整体的地位和士气都一落千丈。如上文所说,明太祖在王朝之初不仅废除了宰相和行省等要职,还不断地肃清权贵。此后的官僚士大夫也始终遭到冷遇,甚至是虐待。

或许是官僚的才能本身令人担忧,又或许是饱受虐待导致言行的劣化,虽然因果关系不太清楚,但明朝官员从整体来说,其资质、能力、操守和品行都很恶劣,陷入既无能力又无责任感的境地是难以否定的事实。这一点与宋代的情况形成了鲜明对比。

任何时代都有想要获得权力、成为高官的人,即便不是如此,也要尽可能地享受到特权,因此参加明朝科举的人数有增无减。

但与此同时,也出现了不任官或者任官后无意于政务的士大夫。科举合格的知识精英与其从事不喜欢的政治,在官场中游走,不如从一开始就远离仕途,或者早早退休,住进自己熟悉的团体,作为其中一员发挥作用。

由此就产生了士大夫的分化,不任官的士大夫称为"市隐""山人"等。前者生活在市井,后者生活在田舍,虽然有所区别,但在远离俗世官场、成为隐士的语意上是一致的。当然,还有不少与字面含义相去甚远的著名人物,他们的事例我们留待后文介绍。

从乡官到乡绅

当时的史料中频繁出现"乡宦""乡官"等术语。按照明代的制度,官员不能在乡里和当地任官,因为乡里亲戚友人众多,不仅容易出现请托等恶习,严重的还会发展成割据势力。但官员也会有服丧、退休等不在任的情况,这时是可以住回乡里的,所以在乡官僚和士大夫也不罕见。

尽管如此,之所以将不任官的士大夫统称为"乡官",也是来源于自古作为地方领导者的名词。清代著名学者赵翼认为,明代地方官本身横征暴敛,令庶民难以忍受,再加上"缙绅居乡者"仗势欺民,以庶民为鱼肉(《廿二史札记》卷三四"明乡官虐民之害"),乡官横行霸道的场景如在眼前。

所谓"缙绅"与士大夫同义,改称为"绅士"基本是同样意思,当然也和标题的"乡绅"同义。这些词语来源于科举合格后就可以穿着与一般民众不同的服装,由此可知"居乡",也就是住在乡里的士大夫有多大的权势。

赵翼通过史书记载,认为缙绅(乡官)"虐民",这是明代庶民的不幸,当然也是生在清代的幸运。但赵翼本身是清代人,他的话需要慎重辨别,更何况他本人也不一定真心这样想。

鱼肉乡民之所以会出现在史书记录里,是因为这是极为特殊的事件。通常乡官(缙绅)不如说是保护庶民,甚至成为庶民领袖得到追随的,但这些都过于平常,反而没有留下记录。乡里的士大夫成为领袖后,带领着宗族也好,行会也好,秘密结社也好,以自身拥有的特权守卫着地方团体。

"乡官"的称呼也逐渐发生变化,"缙绅居乡"或者"在乡之缙绅"直接简称作"乡绅"。更准确地说,从不是"官"而是"绅"就能够看出,不任官的士大夫已经明确分离出来。与此同时,任官对象的政府与在乡对象的民间社会也发生了显著分化,而后者才是不断积蓄力量的整体性发展趋势。

城与市

为了探究社会的变动,笔者以阶层构成为中心,进行了垂直视角的考察。下面试图针对同一现象,从地理和空间上加以考察。

现代汉语中的"都市"是指城市。所谓的"城",万里长城在中国最大也最具代表性,是指防御外敌入侵的城墙。这一点与都市就是城下町、城就是要塞及政厅的日本完全不同。

那么要防卫什么呢?答案是人们居住的聚落。换言之,以城墙包围起来的居住聚落就是都市。这在欧洲也是一样,算得上世界标准。特别需要防卫的就是统辖聚落的政厅,其末端自古称为"县",数量很多,有时也称作"县城"。这些都不同于现代日语的用字,需要特别留意。

没有"城"就不可能成为"都市",只能是农村,这是中国在空间上的基本构造。在3—10世纪的中国,大体形成了这样的分工:"城"(都市)是权力的军事行政点,从事消费活动;农村则从事经济活动,承担农业生产。

经历唐宋变革后,生产力上升,商业经济也逐渐发展起来。出于交换剩余物品的需要,产生了定期买卖的市场。这样的定期市场用一个字就称为"市",此后发展为恒定的聚落,形成市镇和都市。大的"市"也称为"镇",在前文图14中也能看到以镇命名的都市。

此前的空间中只有城墙围绕的都市和没有城墙的农村,如今形成了经济和交易,出现了没有城墙的商业都市,这就是 10 世纪以后的中国。这样的商业都市在当时的词汇中统称为"市镇"。

市镇的增长

数百年后,再一次出现市镇显著增长的现象,这就是本书所考察的时代。空间上的发展,用图示很容易理解。图 17 是上海市镇发展的时间序列,官衙承认的市镇从 15 世纪后期如雨后春笋般涌现,直到 17 世纪还有若干增长。随着时间推移,市镇的增长也在加速,示意图就是反映这样的趋势,特别是 18 世纪以后的急剧增长。

市镇急剧增长自然伴随着人口的爆发性增加,尽管数量上十分显著,但在质量上和以前并无差别。这是 15 世纪以来的进程,也常常成为其中的典型。

市镇也是市场,增加的背景当然是商业和产业的发展。不过随之增长的聚落并非附属于权力的县城,而是呈现出市镇的形态,这是当时的一大特点。

不具备行政功能的"市镇"是民间人士自发聚集的,因此必须导入规则和福利使之秩序化。交换和买卖市场增加的同时,既然其中还有居住和生活,经营着各种生计,那就需要设立拥戴领袖的团体。

换言之,"宗族""行会"等社会性组织的存在,表现在地理聚落上就是"市镇"。市镇的增长也表现为团体组织及其领袖比例的增大,所谓领袖就是乡绅。他们虽然是市镇相关商业的特殊商人,但依然作为绅士和拥有任官资格的"绅商"登场并且长期存在。从此后中国历史的发展来看,这类人群将成为不可或缺的存在。

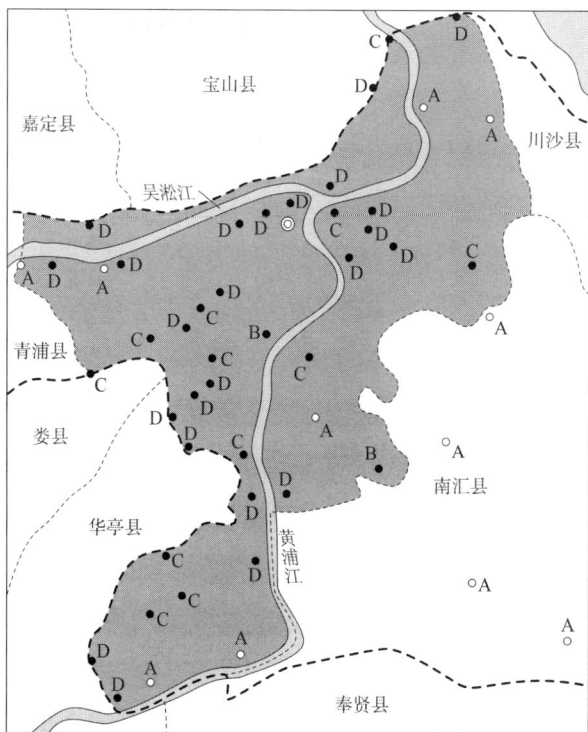

图17　市镇的增长（上海县及其周边）

出处：冈本编2013，有改动。

注：◎是上海县城；○A是1470年的市镇；●之中，B、C、D分别是1600年、1750年和1860年前增长的市镇。

都市化的归宿

进一步而言，中国的地理空间首先分为都市和农村。拥有城墙的都市是行政都市，那里有官僚的官衙，官衙就是都市所在。与之相对，一般庶民自然要从事劳动，当时的主要产业是农业，所以大部分居住在农村。这样将人们的社会身份在空间上重新配置，官民对立主要就是都鄙对立。

但到了这个时期，社会阶层中官僚和庶民之间出现了绅士，开始发挥重要作用。这一点也反映在地理空间上，都市和农村之外，居于中间的"市镇"开始出现并快速增长。市镇大约在15世纪中叶出现，到17世纪形势已不可逆转，18—19世纪呈现急速增长的趋势。

中心地的层级

层级	功能	人口（19世纪）
Ⅰ	首都	1,000,000
Ⅱ	全国性大都市	300,000～
Ⅲ	地方中心都市	30,000～
Ⅳ	中级行政中心	10,000～
Ⅴ	下级行政中心	3,000～
Ⅵ	中间市镇	3,000以下
Ⅶ	基层市镇	3,000以下

中心地数量

层级	12世纪	17世纪	19世纪
Ⅰ	1	1	1
Ⅱ	0	3	9
Ⅲ	30	42	100
Ⅳ	60	90	200
Ⅴ	400	600	700
Ⅵ	1,800	2,500	10,000
Ⅶ	2,000	12,000	24,000

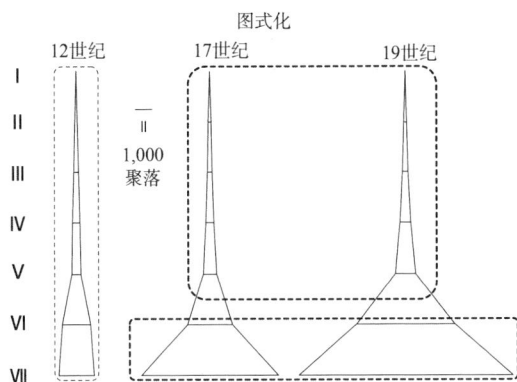

图 18　中心地的层级分布

出处：左上：Rozman1973, pp.14, 60；右上：Rozman1973, pp.102, 280, 283, Skinner1977, pp.340, et passim 有部分改动；下：冈本 2020。

笔者尝试把上述内容以计量和视觉的形式表现出来。历史上中国的中心地根据功能和规模可以分为Ⅰ到Ⅶ等级，如果根据时代做一些计算和整理，就成了图18。Ⅰ是首都，Ⅱ是仅次于首都、具有全国性功能的大城市。以19世纪的中国为例，Ⅰ是北京，Ⅱ就是苏州和杭州等地。Ⅲ是人口超过3万的各省省会和其下的地方中心城市，Ⅳ是府和州，Ⅴ相当于县，到此为止都是官衙所在且具备权力的行政都市，周边有城墙围绕。

以上是权力渗透的范围，到了Ⅵ和Ⅶ等级就是纯民间的市场集镇，不存在权力和官僚，人口都在3000人以下。

如果将这些数值图像化，就得到一个三角形。从上下部分是否连贯的角度，将之与12世纪的数字和图形进行比较，两者的区别一目了然。上半部分Ⅰ到Ⅴ的规模基本是一致的，12世纪宋代下半部分比较狭窄，形状如同火箭；17世纪由于市镇大量增长，底部变得宽阔起来。

换言之，行政中心地与非行政中心地之间出现了差距。如果把上半部分行政都市的Ⅰ到Ⅴ视为官僚机构，那么在经历明代的17世纪以后，行政管辖外的民间聚落规模剧增，不再成为上下贯通的体系。

只有当行政经济、治安维持、福利待遇设施同时具备，城市才得以形成。如果按照这样的定义，明代以后中国的城市化是不充分的。权力和行政无法控制民间和经济，治安维持与福利待遇都不能得到满足，这些功能逐步让渡于民间社会就是当时的趋势。

第 9 章

思 想 与 文 化 的 展 开

一、苏　州

士大夫的演变

明代就是这样一个政府权力对民间社会逐渐失去控制的时代，其突出的表现便是本该任官的人们变得不再任官了。所谓不任官的人，是指科举合格后本应成为官僚的士大夫，他们和任官之人都是从"士大夫"这个母胎中诞生的。

反过来说，士大夫分化成了任官的"官"和不任官的"绅"，也就是多层化了。既然阶层和地位出现分化，那么士大夫的作用也会有相应的变化，这一点不应忽视。

毋庸赘言，官僚的作用就是从事政治，因此当时成为高官的人物在文艺和学术上都没有出色的著作或作品。这一点只要想象一下我们观念中不同于知识精英的政治家、官僚就容易理解了。

但中国历史上的政治家和官僚却绝非如此，知识分子和官僚本身就是一体的，这才是原本的士大夫。产生士大夫的科举是考察全面才德的考试,因此科举合格的士大夫自然应该是具备优秀古典素养,而且精于诗文艺术的文人。也因为如此,他们能够作为庶民的导师站在领袖的立场上。

事实上,宋代就是如此。以王安石、欧阳修等唐宋八大家为代表,尽管程度有所差异,但他们作为一流政治家的同时,也都是一流的文人。这方面留下著述的人物也不在少数。

但明代的情况有所不同。任官的士大夫成了纯粹的政治家和官僚,著名高官不会留下特别优秀的作品,毋宁说他们不具备那样的能力和时间。极端而言,明代既是一流政治家又是文化人的,勉强只有后文提到的王阳明而已。

当时的科举考试已经通俗化和大众化了,所谓"八股文"成了答案的标准格式,因此不再需要特别的教养和学识,就像今天只需要努力考试就行。再者,明代自太祖以来,官僚不受尊重,出入官场的辛酸和难处世人尽知,自然没有精力从事学问艺术。

另一方面,不任官的士大夫对扬名立身没有太大的关心,免于官场沉浮的同时,不如潜心于诗文、书画、出版等有关文艺的活动。当然,这不能等同于对政治本身和天下大事毫不关心,毋宁说文化和文艺也有直接联系政治的侧面,这一点不应忽视。

一流的文化人不当官,这样的模式也被后世继承。如同前文所说的都市化一样,虽然19世纪前有量的增长,但基本趋势是相同的。更准确地说,19世纪以前社会经济的动向也在文化中有所反映。数百年间的文化内容不可能完全相同,要理解其中的情况,首先必须知道明代的具体样貌。

抗争

在上述动向中,最重要的地方就是苏州。苏州自宋代加速开发,实现了经济的繁荣。蒙古帝国末期,以苏州为根据地的张士诚招揽天下文人,亲自充当其后援,文化大为繁荣。此后,苏州不仅经济发达,还发展成为文化上的中心,其契机可以追溯到这个时代。

与张士诚争霸的朱元璋就是明太祖,他将苏州的权贵和知识分子视为仇敌。如上文所说,不仅是直接敌对之人,有关联的权贵和功臣也纷纷遭到肃清,给苏州带来连续的打击。

其中朱元璋发动的典型事件就是文字狱,特别是死于洪武七年(1374)的高启。14世纪后期与苏州渊源颇深的著名文人合称"吴中四杰"[1],他们都受到了新兴明朝政权的迫害,高启是其中的代表人物。

朱元璋曾在张士诚宫殿的遗址上修建苏州官衙,高启奉命撰写纪念上梁的文章。其中"龙盘虎踞",即暗指"天子居处"的句子触犯了太祖的逆鳞,高启在南京被腰斩。

高启虽一度跟随张士诚,但在明朝政府中官居户部侍郎,也就是负责财务的副官。这一事件象征着明太祖的基本姿态,也影响了此后苏州的发展。

明太祖"惩元季纵弛,一切用重典"(赵翼《廿二史札记》卷三二

---

[1]吴中四杰:指明初诗人高启、杨基、张羽、徐贲四人。

"明初文人多不仕"），他曾下令称"寰中士夫不为君用，是外其教者，诛其身而没其家，不为过也"（《大诰三编》"苏州人材第十三"）。严肃纲纪、发誓效忠，这些都是对敌对分子的镇压，也是从体制上否定南人政权的明朝特征。因此，苏州和江南出身的文臣都难得善终。

这样的迫害一直持续到15世纪的永乐时期，以苏州为首的江南文人和文化遭到了严重打击。其间，出仕政权的文臣极少，更没有出色的业绩和作品。

然而，恐怕就是在这雌伏期间，当地形成了对北方强权平静抗争的精神，苏州和江南独有的文化及行为模式逐渐成形。

"市隐""山人""乡绅"

如上所述，苏州首先迎来了经济的复兴。经济丰饶为文化兴隆准备了条件，两者在时代上也基本是并行的。15世纪后期到16世纪前期，苏州逐渐成为全中国经济和文化的中心。可以说，这一地位一直持续到19世纪后期上海发展起来为止。

作为其开端登场的就是所谓"吴中四才子"，即唐寅、祝允明、文徵明、徐祯卿四人。其中只有徐祯卿是本籍常州而居住在苏州的诗人，其他三人都是苏州出身，是名副其实的"吴人"。四人中文徵明最为长寿，一直活到16世纪中期，持续地指导着

图 19　文徵明

图20　唐寅

文化的繁荣。他们四人不仅善长书画和诗文,其独立作风更成为后世的典范。

祝允明的右手有六个手指,所以自号"枝指生"或"枝山";唐寅则是游乐度日的"江南第一风流才子"。他们留下了许多独具个性的故事,言行中带着艺术家式的荒诞。

"四才子"的具体言行和作品应该作为文学和美术题材,远非笔者所能胜任。这里需要注意的是,他们有着共通的处世方式,或者说生活态度和行为模式。赵翼称其"放诞不羁,每出名教外""到处逢迎"(赵翼《廿二史札记》卷三四"明中叶才士傲诞之习"),成了不受传统束缚的新型知识分子的典范。

宫崎市定曾将他们定义为苏州的"市隐"(宫崎1992〔1954〕),这是历史论文的概念,但他们如何自我认识就是另一个问题了。

比如祝允明也曾使用"枝指山人"的署名,尽管不知道有多少本意,但他具备了"山人"的自我意识。"市隐""山人"是指市井和山野的居民,虽然地方截然不同,但都是指超脱体制之人,"枝指山人"正是基于这一点的自称。总之在全国第一都会的苏州,他们是超脱仕途和权力的"隐者",并且在文化界和社会界都享有崇高的名望。

当然,若要把以江南"吴中四才子"为首的文人都视为"市隐",那也是不能成立的。他们中间也有与"隐者"精神背道而驰的自我彰显和权力夸耀,并且随着时代推移,这种趋势越发明显。这也说明，超脱体制的行动模式本身包含着多样化的过程。

用于指称这些人的词语，毋宁说以"乡宦""乡官""乡绅"更为常见。"官"和"绅"更带有权势之家和豪强的意味。比如与祝允明同善书画、以"艺林百世之师"闻名的松江董其昌就是其中典型。他热衷于收藏古董和名画，出于贪欲而不断扩大产业，积累巨额财富后建起了大宅院，最后被愤怒的民众烧毁。

这样的都市民众暴动，即所谓"民变"也是值得注意的现象。这是苏州反权力抗争精神的显露，17世纪则出现了庶民针对权势本身提出明确主张，并不惜抵抗斗争的现象。乡绅在此也起到了重要作用，具体情况留待后文详述。

"吴中四才子"后又过了大约一百年，经历如此长时间后，出现了终究无法融入乡里民间的人物。

图21　仿李成寒林图纸本墨画（文徵明，1542年，大英博物馆藏）

行为模式

无论与乡里共苦乐，还是受到乡里的排斥，从祝允明到董其昌的共同点就是作为在野的名望家掌握着文化的主导权。虽然自身的志向和势力各有不同，但都隔绝官方权力而承担着文化的发展。

当时的文艺还没有实现职业化，没有地位的人无法满足生活，总之需要经济上的后盾。即便是意大利的文艺复兴，艺术家背后也必定会有赞助者。

江南民间社会之所以养育他们，与其说是政府的政治担当者，不如说是乡里的文化承担者战略性、选择性地支持了他们。两者间的关系如此紧密，以至于到了无法分隔的地步。

因此，无论是祝允明被债主追得到处逃窜，还是董其昌肆无忌惮地挥霍金钱，虽然行动各有不同，但其根底是相通的。尽管乡里的生活方式不同，条件、境遇和地位却没什么两样。

无论"市隐"还是"乡绅"，在苏州和江南的显著特点就是明明有着自己确信的信念和主张，但在处世与进退中却可以不屑一顾。对于他们来说，或多或少都需要"应世"。为了在世上存活，他们不惜把自己的主张束之高阁，甚至于依附权势、迎合世俗。否则的话，不要说留下作品，连生存本身都无法实现。

他们虽然反抗权力和权威，但并不彻底，也无须那样去做。他们拥有左右逢源的处世技巧，有求必应，既可以用诗文书写心中本不存在的事物，也可以把不满意的书画拿出来卖钱。

从更大的角度看，官场的情况也是如此。明朝是君临北方而对江南施加重税压迫的政权,然而,南方人依然要通过科举成为官僚侍奉明朝,他们的内心恐怕也有不释然的地方,但是没有办法,只能从一开始就看开了。正因为如此,明代江南出身的官僚常常被乡里和乡论束缚,这一点以前也多有提及。

一切都是为了糊口的"应世"。作为不易对付的都市人,从中发展出言行不一的现象和风潮,这似乎是普通南方人,特别是知识分子间共有的倾向。如果追溯历史,可以说中国人的复杂性直接来源于此。

二、阳明学

前提是朱子学

在诗文和书画都成为"应世"作品的艺术领域,深谙这一处世技巧的作者成功存活下来,并且留下了作品。但哲学和思想领域未必如此,言论和著述本身应该是体系性和普遍性的,否则就无法通用。道理说不通就不会被认可,还会影响到思想家和著述家本身的信用。

如此,只靠融通无碍的"应世"是无法在思想和哲学上实现大成的,这一情况让都市的文化旗手们颇为苦恼。突破口不一定在苏州这样的先进都市,也可能是稍微偏远的地方。

当时的朱子学是官方教学,也是最有力的流派。朱子学别名"闽学",也就是经由出生于福建,并在此活动的朱熹之手而形成的,他可以说是在乡下取得了大成。

明代将朱子学作为科举出题的依据,因此是士大夫必须学习的流派。由于儒家的经书非常难懂,需要一些有根据的解释,其标准就是基于朱子学教义的文本。

朱子学也称道学或理学,分别是"道理""道德"的道,"道理""性理"的理,这是其根本的理念。有了理念,就要有实现的手段和形态,以及基于此的具体行动等,这样的具象称为"器"和"气"。这里就出现了朱子学中"道、器"和"理、气"的二分法概念。根据实际文脉,还可以转换成"体、用""言、形""知、行"。

汉语儒学的一大特征就是把事物两分,成对地把握概念。人际关系有父子、君臣、官民、士庶,技能有文武、本末,世界观有内外、华夷。任何一种都是上下和重轻的排序,朱子学就是将这种倾向彻底推进,并且理论化和思想化。换言之,朱子学把此前停留于人伦、道德、规范的儒学,提升成哲学性、思辨性的体系思想,对经典做出更体系化的解读和修习。

朱子学是宋代出现的新思想,朱子是其大成,也称作"宋学"。这样的新思想是要回答,生活在宋代的"士大夫"如何才能成为精英。这既是社会的产物,其思想又影响了社会。

以上是简单的概括,既然有精英,就会有非精英,社会存在形态的设定也是二分法构造。将精英提拔出来,就需要将"器""气"等外在具体的行动、手段和知识内在化、抽象化、本质化为"道""理",这也是一个两阶段的过程。能否习得这一根本理念,决定了是否可以成为精英。朱子学之所以被称为"理气二元论",正因为两分法原理是它的特质。

何谓明代

王阳明登场

当时的士大夫都学习官方教学的朱
子学,创始阳明学的王阳明(讳守仁)起
初也不例外,甚至是最热心学习的人之
一。结果,他无论如何都抹不去心中的
疑惑,在穷究之后否定了朱子学,最终创
立阳明学。

王守仁是 15 世纪末到 16 世纪前期
的人,出生在与苏州山川相隔的"浙东"。

图22　王阳明

浙西和浙东的地理区分现在已经不再使用,但在历史上非常重要。
更早以前称为"吴"和"越",如果说是"吴越同舟"的吴越,日本人可
能更加熟悉。

浙江以大河为界,分为东西两部分。浙西是长江的冲积平原,中
心城市是苏州,也就相当于前文的江南三角洲。浙东主要是山地,
中心城市在宁波。虽然宁波也是大都市,但比起四通八达的苏州,
只是一个山区的港口。宁波是日本往来船只的停靠点,与我们有很
深的渊源,因此经常听到这个地名。但无论当时还是后世的知名度
及重要性,宁波都无法与苏州相提并论。

总之,浙西和浙东不仅形成了地理上的对照,此后的文化也是对
立展开的,起点之一就是出生于宁波附近余姚的王守仁。

王守仁以阳明学的创始人而闻名,但他作为行政官员也很有才
能,特别是三次镇压叛乱的能力值得称赞。这里无暇展开具体的事

迹,但如前所说,在文化和政治分离的明代,王阳明作为思想家和政治家都是杰出的知识分子,这可以说是很稀有的存在。他之所以能够如此,其实正反映在他的阳明学思想之中,这一点值得注意。

创立

彻底读破朱子学的王守仁的着眼点在于,"四书"对《大学》进行了朱子式改编和解释。在朱子学的《大学》中,自古文本中的"亲民"被改成了"新民",这是基于将"格物""致知"解释为"即物穷理"立场的改订。换言之,就是将外在事物转化为内在理念,重新使之外化而一新。这也是基于二元原理的解释。

于是,王守仁在认真践行了"即物穷理"后,认识到这是不可能的。他开始对这种内外迥别的解释持怀疑态度,最后断言朱子的理论无法成立。

与其说将外部事物以知觉吸收并内在化,不如说对于外在事物的认知本身就存在于自己内心。"道器""理气""体用""知行",都不是要将事物分成内和外,而是所有事物都发自内心,真正的"知"并非来自外界,而是要彻底凝视内心,那里的"知"才是最好的。

这就是"良知",也称"万物一体之仁"。心中的东西就是道和理,而不是从外界将知识内化。自己内心生成的思想和书本学习获得的知识,这样内外分离的思考方式过于奇怪,儒家的真谛不是两分而是一体和合一,这就是"心即理"学说的提出。

由此产生了著名的"知行合一(知识与实践一体)"的说法。因为没有内和外的区分,心中的知、良知、道自然转变为言论和行动,如果不是基于意思和言论的行动，就不能成为真正的行动。

这种对朱子学二分法原理的否定是阳明学的重要特征。恐怕朱子学本来也没有试图采用两分法，即内与外完全区分思考的方式。但在逻辑上，将内和外、理和气分开思考更容易体系化和理解，因而在同时代和后世固定了下来。将这样的逻辑和体系从根本上重新审视，加以批判和克服，这正是阳明学的认真。

背景

阳明学起源于王守仁个人，如果没有王守仁，就没有阳明学。但他也不是一个人生活，之所以产生和活用批判朱子学二分法原理的思想，必然有着更为宏大的社会背景。阳明学的创始和流行，离不开相关的社会背景。

这里需要重新审视当时现实的政治和社会。不仅是官民的乖离，官绅分离、言行不一都在蔓延，代表苏州文化的"市隐""乡绅"的行动模式就是典型。

知识精英中官僚也好，绅士也好，无论嘴上说得多么高尚，实际行动却充满了贪婪、腐败和贪污。诸如此类的情况绝不少见，特别是在明代的政治社会中，即便心里不乐意却不得不这样做的情况也确实存在。因此，面对科举合格者，也就是学得朱子学的人们，民众的批判眼光自不待言，知识分子本身也出现了反省。于是，人们需要一种代替朱子学的全新道德和规范。

反省言行不一的现状，希望克服这样的局面，创立阳明学的根基正在于此。王守仁虽然接受了浙西、苏州的文化，但在苏州这样融通无碍的都市，无法产生追求体系性的学问和思想，那只能是浙东田舍汉愚直和真诚的反映。田舍汉王守仁创立阳明学的现场称为"龙场大悟"，那更是贵州省贵阳的龙场驿这样的内陆边地了。

当时的社会不断分裂化、多层化、流动化，阳明学就是对这样的社会，特别是其负面内容的警钟与反题[1]。不难想象，它抓住了不少良知尚存的精英的内心。阳明学的流传，首先就是从这一点出发的。

三、社会的趋势

从"读书"到"讲学"

阳明学在当时不只是流传，而且是受到狂热的欢迎，出现了爆炸式的推广。其间原因不会只在于教义本身。

朱子学在教义本身的基础上，对于"四书"和语录等经典导读的设计颇下功夫，媒体战略成功是其普及的重要原因。关键就是深入浅出，容易学习。

从"四书"的选定也可以看出，朱子学是所谓的"书本主义"，它是为精英设计的学问，有着普通人无法企及的难度。人们通过阅读外在的文本，从外界吸取知识，然后才能获得"道"和"理"，这就叫作

---

[1] 反题：这里借用了黑格尔辩证法中的"正反合"理论。简而言之，正题必然派生出它的对立面反题，并且与反题构成"对立"，最终二者都被扬弃而达到"统一"的合题。

"读书"，因此士大夫也被称为"读书人"。

但阳明学在这一点上完全不同。它的前提在于，心和良知才是最重要的，学术的成果和知识等都隐藏在里面。无论通过读书获得多少知识，仅靠博闻强识是无法直接获得"道"和"理"的。这可以说是基于学习朱子学的经验，并鉴于精英的现状而得出的结论。知识内在化并转化为"道""理"后，如果没有行动就会毫无意义，这就是阳明学的立场。于是有了"知行合一"的旗帜。不尊崇"读书"，站在反读书、反书本的立场上，也是阳明学的一大特征。

能够"读书"的人，必须有阅读书本的能力和时间，必然也需要经济上的富余，这就让贫苦的下层阶级望而却步。在这一点上，朱子学是与一般庶民无缘的学问。

主张反书本、反读书的阳明学则为下层民众打开了大门。如果要问不读书的阳明学都做什么，答案就是"讲学"。

讲学主要就是讲义和口头讨论，采用讨论组的学习形式，有时相当于道听途说。将自己感知、获得的知识，甚至是"道理"表达出来，与其他人产生碰撞，用对方的"良知"提升自己，这样的学习方法是阳明学的主流。

通俗化和庶民性

在著书和语言中往往看不到作者的真意，这是古今中外常有之事。因此，其实朱子学也采用讲义、讨论组的学问实践形式，相关记录也会作为经典导读书得以编写和流传。比如朱子的言行录《朱子语类》，以及朱子之前的宋学集成《近思录》等。事实上，"四书"之一的《论语》就是孔子的语录。

尽管如此,朱子学是运用了语录体书本的学习方法,阳明学则更强调实践性的现场讲学,做法上更为彻底。

这类讲学很容易参与,不识字的人也可以听讲,因此带有面向精英士大夫以外庶民的意味。阳明学的特点之一,就是亲近庶民和学问通俗化。

这样的特征与庶民开始具备力量,以及出现依靠庶民的绅士、乡绅等社会现状是一致的。讲学团体在各地产生,相互结成网络,这个过程的不断重复就形成了阳明学的爆炸式推广。

朱子学的学说是"圣人必可学而至"。只要学习就能成为圣人,反过来说,不学习就无法成为圣人,首先必须是"读书"人、士大夫。阳明学的立场则是"满街都是圣人"(《传习录》下),其范围不局限于士大夫,由此也可以窥见庶民的力量。

左派

阳明学爆炸式推广的一大表现,就是左派的出现。其中的典型是王艮,即通常称为王心斋的人物,他的流派就是泰州学派。关于这一学派,黄宗羲在《明儒学案》中有简明易懂的整理,这是梳理明代学术史、思想史的名著,堪称中国最早的体系性历史书。黄宗羲也以王阳明的信徒自居。

《明儒学案》从王心斋开始说泰州学派。这位王心斋是盐田的劳动者,出身盐丁而非读书人。他通过听"讲学"而获得"道理",取得自身的发展。这一点与开山始祖王阳明也好,热烈支持"良知"的第

二代著名人物王畿（王龙溪）也好，其他
阳明学者基本都是知识分子的情况截然
不同。阳明学的"良知"不是"读书"人所
独占的，王心斋可谓"知行合一"学说最
理想的代表人物。

王心斋高举的著名旗帜是"百姓日
用即道""圣人之道，无异于百姓日用"
（黄宗羲《明儒学案》卷三二"泰州学案·
王心斋语录"）。也就是说，人们的日常
生活就是作为儒家目标的"道理""道德"
和"道"，正因为存在于日常生活，所以也
必须从生活中获得。士大夫和庶民都是
如此，毋宁说亲近日常生活的庶民更能
学得和表达阳明学的精髓。

图23　王心斋

图24　王畿

所谓的"左派"就是过激思想。先有
非精英和庶民，然后才会有精英；想成为
统治者，必须先有被统治者。王心斋无
视这些区别或是逆转了上下轻重，自然
使得当时的统治阶层和一般精英对此抱有强烈的危机感。

这样的情况被当时和后代的精英称为"心学横流"。"心学"即是
标榜"心即理"的阳明学，也就是说它的发展和流传偏离了应有的
方向。

然而，左派的发展正是阳明学正常推进的结果。王心斋的弟子
说："天生我师，崛起海滨，慨然独悟，直超孔孟，直指人心，然后愚夫

俗子,不识一字之人,皆知自性自灵,自完自足。"(黄宗羲《明儒学案》卷三二"泰州学案·王一庵语录")。无论面对何地何人,不是通过书本教授,而是以"讲学"推广阳明学,或者说这样的推广就是阳明学本身。

"叛逆者"李卓吾

如此,本应作为精英专属之物的学问"横流"到了范围之外。16世纪后期,将左派泰州学派发展至极致,成为其最后绝响的就是李贽,通常以李卓吾之名为人们所知。

李卓吾被称为"儒学叛逆者",世间褒贬不一,在当时和后代都饱受非议。也正因为如此,他的思想被视作"近代思维"。不过更应该重视的事实是,他的存在和活跃竟然勉强能够被当时的社会所接纳(岛田1967,黄1989)。

图25 李　贽

李卓吾的学说虽然是深奥难懂的教理,但如果不怕误解用一个词概括的话,那就是"童心",也就是保持出生时候的初心,这正是对阳明学核心概念"良知"的发展。

既然自己的内心最为重要,那么儒家经典,甚至于受到尊敬的讲说教义的圣人,都不过是外在之物,可以通过内心的道和秤将其相对化。

中间千百余年而独无是非者,岂其人无是非哉? 咸以孔子
之是非为是非,故未尝有是非耳。……昨日是而今日非矣,今
日非而后日又是矣。虽使孔夫子复生于今,又不知作如何非是
也。(李贽《藏书》"藏书世纪列传总目前论")

这应该是李贽最著名的言论。总之,必须根据自己生活的世界,
和生活在那里的自身的"童心"判断是非。如果违背了这一点,即便
圣人孔子的言论也是不正确的。这就意味着李贽对自古以来的经典
和圣贤权威发起了正面的挑战。

李卓吾的言论并非突发奇想,阳明学的创始人王阳明也曾说过,
"求之于心而非也,虽其言之出于孔子,不敢以为是也"(《传习录》卷
中"答罗整庵少宰书")。李贽可以说是把阳明学的内在思想发展到
了极致。这样的极致,必然会引发骚动。

考据学的源流

对于顺应既有体制和教学的众多普通精英而言,李卓吾等同于
否定了孔子这一自身权威乃至特权的来源和依据,自然将之视为仇
敌。李卓吾作为"异端"遭到迫害,17世纪初走上自杀的绝路。

不止李卓吾,对于其学统的阳明学左派,不仅是流传范围,在言
论和教理上也出现了遏止"横流"的动向。由此诞生的就是考据学。

怀疑既有思想、否定上下内外二分法、将外在手段行动与内在理
念道德一体化,这是阳明学的真谛。那么,实际的学问经营也必须
考察眼前的现实,研究出切实有用的方案。这在当时的汉语中称为

"经世致用"，是非常近代性的理念，而明代正是拥有这般志向的时代。

即便只是学问的过程，也不能停留于抽象的理论探讨，而是应该调查实际，基于调查形成议论和思考。其结果就是实证主义的诞生，这是对"心学横流"的批判和打压，同时也适用于"书籍"文本乃至儒家经典和史书，后来发展成为清代的考据学（汉学）。

有观点认为，由于阳明学和"讲学"陷入了口头空论，为了对此加以否定，作为其反动而诞生的就是"经世致用"、实证主义和考据学。虽然不能否定这一侧面，但仅此无法阐明起源和发展谱系。实证主义与其说是对抗和反动，不如说发端于根植在庶民社会的阳明学左派，特别是其实用性和实践性的学问体系，这样的见解更具有说服力。

通俗化

这样的趋势不止于儒学和阳明学，不如说波及当时的整个思潮，阳明学的诞生、存在和普及只是其中的典型。我们再以更宏大的眼光做些探讨。

首先就是出版业，与包括儒学在内的书籍相关。明代正值中国历史上空前的印刷和出版热潮，中国的印刷始于唐宋变革，也就是从宋代开始，但与宋学一样，其流传和普及是在蒙古时代和明代。

出版热潮的出现，本身也意味着具有如此庞大的购买阶层和市场。出版和书籍市场主要由识字的阶层构成，一开始就以"读书人"作为对象。换言之，它们首先就与科举相关。科举应试的学习即所谓"举业",考试当然离不开参考书。

编辑出版参考书的动向也是从宋代开始的,著名的例子就是与历史相关的《资治通鉴纲目》。

作为标准史书的正史过于庞大,北宋司马光对此加以节略,按时间顺序排列编成了《资治通鉴》。但是二百九十四卷的《资治通鉴》依然过于庞大,于是朱子将其节略为《资治通鉴纲目》,不仅一口气压缩到五十九卷,而且为了能够迅速找到需要的记载,特意编写了目录和索引,颇费一番工夫。这样的索引就叫作"纲目"。

从朱子学的观点来看,《资治通鉴纲目》的尝试与摘录儒家经典的"四书"选定和注释,在方向上是一致的。但明朝的读书人似乎还是觉得《资治通鉴纲目》太长,于是出现了更加简略的"节本",称为"纲鉴"。

《资治通鉴》是大型的历史书,即便加以节略,《资治通鉴纲目》仍是循规蹈矩阐说大义名分的哲学书,也是朱子学的教科书。但到了节略的《纲鉴》,这样崇高的一面几乎消失了。它不是为了掌握道理和道德,而是纯粹作为考试的参考书,总之就是通俗化和实用化了。

庶民文化

如果着眼于通俗化和实用化,这类出版最多的就是在明代,其中著名的例子可以举出《本草纲目》《天工开物》和《农政全书》。这些都是与日常生活相关的内容,在以儒家为顶点的中国传统学术体系中一贯遭到轻视。其中编写《天工开物》的徐光启,学界认为他通过与耶稣会士的接触,常常受到西洋的影响。这样的侧面当然不能忽视,但包括与西洋的接触和吸收在内,还是应该把当时整个社会的通俗化和实用化倾向考虑在内。

其他领域基本也是如此,与生活生产无关的日用就是娱乐,因此娱乐书层出不穷。既然学问的主流是讲学,那么娱乐的主流就是讲谈,两者在口头讲授上是相通的,这是庶民也能参与其中的通俗和实用的产物。

这样的讲谈作为文学流传下来,就是中国文学最高峰的白话小说《水浒传》《三国志演义》《西游记》。此外还有与讲谈无关的流行文学,以《金瓶梅》为起始,后来出现了《红楼梦》《儒林外史》等名著,现代人所说的"小说"就是在那个时代诞生的。

有了小说就会有文艺评论,形成文学研究的类别。研究《水浒传》的著名评论家金圣叹,也曾受到李卓吾的影响。

李卓吾赋予通俗小说至高无上的价值,这依然是超脱知识精英的行为。李卓吾自身也编著历史书,对既有的史观和评价提出反驳与批评。他的评论活动还不止于历史,对于后文所说同时代的宰相张居正,李卓吾也给出了善意的评价。从这一点看,李卓吾无疑是时代的典型。

16世纪的明代正是这样通俗文化繁荣的时代,这与庶民本位的社会动向是平行且密不可分的。隔海相望的日本也是如此,正是"孕育丰稔文化的时代"。这一现象能否与迈向近代的西洋相比,还需要细致的考察,但无疑是值得重视的论点。

混沌

明代とは何か

在形式性的法律构成上，中国的国家权力集中于皇帝。……但是，"社会性意志决定"，也就是以政治权力为主轴、规范人们行动的意志决定，与其说是向顶点即皇帝集中，不如说具有明显的分散性。……权力的分散性，其实正是对与上天相通的皇帝正统权力的绝对性起到了支持和保护作用。

（岩井 2004）

在跨越种族和国家的边境上出现的社会变动和流动化，与如同奔流般席卷当地的商业化浪潮是无法分开思考的。16 世纪中叶以后，这样的情况在多个地点变得显著，这不是偶然的一致，应该具有强烈的关联性。其相互联系的关键，恐怕就是横扫这一时代东亚的白银。

（岩井 2020）

第 10 章
从 正 统 到 嘉 靖

一、 英宗朝

"无趣" 的明代史

从上述社会、经济、文化等方面来看,明朝是颇有趣味的激荡时代。但是,很早就有明代"无趣"的评价,据说东洋史学的奠基人内藤湖南就是这么说的。至于原因,明代的政治史确实很"无趣"。

在太祖和永乐帝的草创期,政治和政府尚且能够真挚地面向社会,因此历史研究也往往在此提出论点。不过,并非只要真挚就好,真挚也导致众多牺牲者出现,这里的因果关系不能忘记。

15世纪以后,政治就变得越来越"无趣"了。满眼所及都是朝廷和政权内部的党争,他们究竟为何而争? 又在争些什么? 党争的参与者或许也是真挚的,但对于观众来说无法理解。

这是与上一章所说民间经济和社会力量增强相平行的现象,与政治的关联很稀薄,政治本身的规模也在不断矮化。仿佛是与社会文化的"有趣"展开此消彼长,政治变得越来越"无趣"。

这样经济中心与政治中心的分离、社会和权力的对立关系，成为以后中国史的基本模式，直到现在也是如此。在这一点上，明代是直接的转机。

因此，只看政治舞台和过程的话，确实非常"无趣"，但如果结合与舞台没有直接关联的背面或者剧本一起考虑，也许就能看到其中的"有趣"之处。本章以时间为序，概述从15世纪中叶到16世纪中叶近一个世纪的情况。

"私有化"

明代的政治与社会经济相反，对立关系的重点就是伴随第 I 部所说"绝对帝制"而施行的"私有化"。这种"私有化"趋势作为明太祖的基本方针，源于皇帝直接统治万民、中央直接掌握社会的体制构筑。由这一动机引发的冤狱事件和制度改革，前面已经详细论述了。

太祖和永乐帝都不信任官僚及地主等社会权贵阶层，希望排除他们的阻碍，将自己信任的人安排在地方，只和信任的人商议，不信任的人全部除去。结果，皇帝身边的辅佐心腹只剩下最亲近且值得信任的极少数人。

这在中央就是内阁大学士和宦官。这种政治体制被15世纪前期的永乐帝继承，在政情逐渐安定的宣宗宣德帝时期基本成形。

内阁大学士首先是公家人，负责充当皇帝商谈的对象。内阁大学士本身是宫中学问所殿阁的先生，因此相当于天子的家庭教师。远征蒙古时，永乐帝将北京的事务交给皇太子时代的仁宗，仁宗常与这些先生们商量政务。到了仁宗的后嗣宣宗时期，内阁作为公开的制度固定下来。

内阁的功能后来固定为负责起草皇帝的命令，因此他们在制度上属于公家。但从出发点和动机而言，他们依然是非正式的，而且带有强烈的私人色彩。

在宫中与皇帝更为亲密，相比公家职务的内阁大学士更具信赖关系的就是宦官。毋庸赘言，宦官是指去势后的家庭仆人，其中就有与内阁大学士同等地位的"秉笔太监"这一职务。

宦官自古就是皇帝的心腹和代理。在其正式职务中，中央往往是处理天子身边的庶务，地方上则是委派其监察官僚和军队。由于都带有"监"字，中央的头领就是"太监"。为此，清代以后的"太监"基本等同于宦官。"秉笔"与执笔同义，"秉笔太监"就是代替皇帝执笔制订文书的宦官秘书或书记。

总之，内阁大学士也好，秉笔太监也好，都作为皇帝家中公私事务的商谈对象而掌握着实权，主导着政治。他们的本业或者是随从，或者是家庭教师，但围绕在皇帝周边这一点是相通的。毋宁说从政治体制这一本质性侧面来看，他们间并没有太大区别，两者都反映出将"私有"制度化的权力构造。

因此，宦官与官僚之间既有近亲憎恶的对立，也有相互依存的合作。以这样的框架作为前提，明朝政治史的过程或许会更容易理解。

表与里

到15世纪初的宣宗为止，"三杨"作为内阁大学士主导政治。本章主要介绍此后的政治推移。

宣宗宣德帝后继承帝位的是英宗，改元"正统"。在明朝历代君主中，他是唯一拥有多个年号的，因此只能以庙号称呼。在一般的评价里，宣德帝是明君，英宗则是昏君。

英宗之所以拥有不止一个年号，这与他本人的资质和业绩直接相关。据此而言的确会做出上述判断，但从更广阔的视野来看，也有再思考的余地。

图26　英宗

英宗评价低下的原因是他任用宦官作为亲信，采纳他们的提议。他从即位之初就是如此，成为此后"土木之变"重大失败的契机。另一件事就是发动政变复辟。

前者是英宗即位之后，把皇帝的辅佐从大学士改成了宦官。传统评价认为，英宗是因为昏庸而信任宦官，对他们言听计从。

在明代历史的叙述中，政治到宣宗朝的"三杨"时期都是好的，此后因为宦官掌握势力而逐渐腐败。但仔细想来，书写历史的是士大夫而不是宦官。

中国的历史记录基本反映出接受儒家教义的士大夫和精英的价值观。宦官自然是去势之后不算男人的男人，这首先损伤了父母给予的身体，在儒家思想中违背最重要的"孝道"。肉体存在本身就是负面的，如果再不行善事，不做出一点功绩，就无法得到正面的评价。这是从一开始就充满恶意的笔法。

作为读者的我们其实也一直被这样的笔法所迷惑，很容易认为宦官就是邪恶的,与之对立的、以大学士为首的士大夫和官僚则是正义的代表。

其实,宦官也好,内阁大学士也好,客观来看并没有太大的区别。如前文所说,他们虽然出身和立场不同,但制度性的根源和定位是一致的。宦官得势时的皇帝是昏君,大学士主导政治时的皇帝是明君,这种传统的评价很值得怀疑,不过是把士大夫自身对于宦官的评价投射到了皇帝身上。

由于皇帝的个性、立场和想法不同,有时重用宦官,有时重用大学士,至于这些区别多大程度上影响到政治的现实和本质,则是另一个问题。

那么,与此相关的围绕皇帝贤愚和统治善恶的评价也是站不住脚的。大学士自不待言,对于宦官也只要作为当时政治体系的一员冷静看待即可,重要的是具体的事件和经过。

"土木之变"

从上述观点来看,"三杨"隐退后,宦官接手权力也没什么可奇怪的。事实上,此时的宦官可能有着与"三杨"相匹敌的学识。这些宦官中有宣德帝嗣子英宗所抚养和教育的王振,他从英宗 7 岁即位开始就主导了政治。

明朝内外政治的构造十分简洁。大致来说,内政就是源于"私有化"的政争和党争,外政主要是与蒙古的对峙和相克。明朝政治基本就在这个框架中运转,这一模式在英宗朝固定下来。

首先是外政,永乐帝将都城迁往北京就是为了方便进攻蒙古,但是反过来也更容易遭到蒙古的攻击。对蒙古的攻防是对外关系的主线，这一情况从永乐时期开始就没有改变过。但永乐时代从南到北、从国内到国外的力量形势，此时已经发生了一百八十度的逆转。

形势本身存在，这一点三百年间不曾改变，并且长期持续。其构造的主线就是蒙古对北京，直到明朝灭亡也没有结束。17世纪末，康熙帝击破瓦剌的噶尔丹，促使喀尔喀蒙古归顺，这一事业与永乐帝亲征蒙古遥相呼应。进入18世纪后，这个构造才最终消解。

不管哪个时代，蒙古都很容易分裂成东西势力。当时西方称为瓦剌，在也先的主导下扩张势力。在"朝贡一元体制"下，双方围绕交往和交易条件发生了纠纷，瓦剌出于威慑明朝的目的起兵来犯。

瓦剌的骑兵已经逼近明朝的防线长城一带，王振带着年轻的英宗亲征，试图迎击瓦剌。然而，在长城附近的土木堡，明朝因遭遇瓦剌军队而大败。不仅王振等重臣战死，天子英宗也被蒙古人抓走。这就是"土木之变"，时值1449年。

这是永乐帝后经历半个世纪，形势发生逆转的瞬间，以后这一局面和基本模式都没有改变。一百年后，北京附近再次遭到蒙古的进攻，这样的形势转换也是"土木之变"的历史意义之一。

复辟

眼前的局势更加危急，皇帝被俘是极端罕见的情况。总之君主是必需的，于是由英宗的弟弟"监国"，先代理皇帝事务，日后继承皇位。他就是景泰帝，在大臣于谦的辅佐下，历时五日击退了瓦剌的包围进攻。明朝的离间计也发挥作用，最终瓦剌向蒙古撤兵，也先的势力开始衰退。

当明朝因"土木之变"迎来存亡危机时，支持景泰帝并拯救王朝的就是于谦。于谦虽然立下大功，但英宗回归复辟后，不仅景泰帝被废，于谦也被处死，因此他是一位悲剧式的功臣。人们称颂于谦的功绩，就必须给予英宗昏庸的评价。

图 27　景泰帝

以上都是明朝内部的问题，如果把视野扩大，看法也会有所不同。这里有一个类似的先例不容忽视，那就是 12 世纪导致北宋灭亡的"靖康之变"。

北宋的徽宗、钦宗父子被金人俘虏，钦宗的弟弟高宗逃走即位，渡过长江建立南宋。高宗无论如何都想避免的，就是前代徽宗和钦宗的回归。结果徽宗和钦宗父子没能回国，最终客死他乡。

即便是高宗，出于对父亲的孝道和兄弟的情感，或许还是希望父兄回国的。但这不是感情的问题，而是关系到权力的结构。既然独尊的天子已经继位建立政府，那么前代君主或者比自己更加尊贵的人物，就只能沦为扰乱权力体系的有害之物。

图 28　于谦

也先也是如此，他恐怕知道北宋灭亡、南宋建国的故事，所以有意送还了英宗。如果人质不能带来实际利益，留着也没有意义，不如尽可能多给对方制造些麻烦。从敌对相克的理论来说，也先的外交手段可谓更高一筹。

无论有意还是偶然，结果就是这样的策略正中下怀。因此，应该作为问题提出来的，毋宁说是导致悲剧的明朝政治构造和体制。

党争

回国后的英宗围绕自身待遇与景泰帝发生对立，后来趁其卧病之际发动政变，复辟成为天顺帝。时值1457年，这一政变称为"夺门之变"。在一世一元的明代，只有英宗拥有"正统"和"天顺"两个年号，加上排斥立有大功的君臣，在读史之人看来实属荒谬。但既然英宗感到不满，有不得不发动政变的理由，那么景泰帝和于谦一方也不是完全没有责任了。

这还是要从皇帝与近臣的联系和党派权力之争的脉络上去理解，而且并不是关系到社会整体的重大事件。

在中国历史上，党争激烈的有汉、唐、宋、明。由于中间夹着著名的唐宋变革，此前的汉、唐姑且割离省略的话，明代以前党争最盛的就是宋朝了。

宋朝党争的代表自然是新法党和旧法党的论争。党争基本上就是权力之争，但他们至少是在争论新法、旧法这些社会政治改革的是非。这也可以看出，此时的政治和社会、经济尚且有机地联系在一起。

明代的官僚和知识分子是明确意识到宋代党争和政治家进退

的,并且有意在模仿他们。但是,两者的目的、本质和基础绝不相同。党争究竟围绕什么、因为什么而争论,随着时间推移和条件变化,也出现了明显的变化。

换言之,争论的焦点就是人事和地位。英宗的情况就是前任皇帝和现任皇帝及其近臣的党派争夺政权,其间并没有触及政治外交、社会经济主干的论点。可以说,这也是源于皇帝将大权"私有化",官僚和宦官相互勾结而引发权力斗争的制度构造。

因此,派系的聚散离合令人眼花缭乱,以后的契机和样貌与英宗时代大不相同。但是,以党争作为主轴的政治构造本身没有改变。从这一层面来说,无论内政还是外交,"土木之变"和英宗的治世展示了此后动向的原型。

二、安定期

从成化到弘治

英宗复辟后大约也反省了正统时期的失政,天顺年间没有特别的事件。这与此前对外有战争和俘虏,对内有政变和夺权等种种动乱,形成了鲜明的对比。

稳定的局面被英宗的子孙成化帝和弘治帝继承。这三代君主几乎占据了15世纪的后半期,明朝政权自太祖洪武年间以来已逾百年,内外体制此时也都固定下来。

继承英宗帝位的是成化帝,如果用日本君主作比,大概就像德川家重[1]那样说话口齿不清，甚至不能说是一个标准的、正常的成人。但皇帝本身就是异常环境下的异常之人，从史料来看，德川家重和成化帝作为执政者都算不上昏庸，在位期间也几乎没有失策和失政之处。

小说家陈舜臣曾经感慨，明朝历代皇帝中，昏君和暴君治世长久，明君往往短命（陈舜臣1991）。在为数不多的明君中，最重要的就是成化帝的继承者弘治帝，他被后世称为"中兴之祖"。弘治帝于15世纪末即位，在位不到二十年，也算不上很长。长期君临的昏君要数嘉靖帝和万历帝，两者都接近半个世纪。

弘治帝的治世被视为善政的原因有不少，但最主要的是，弘治帝后的正德帝是一个极其荒唐的皇帝，两者形成了强烈反差。

图29　成化帝

图30　弘治帝

---

[1] 德川家重（1712—1761）：日本德川幕府第九代征夷大将军，1745—1760年在位，体弱多病，说话口齿不清。在位期间推行享保改革，启用侧用人制度。宝历十年（1760）让位于其子德川家治后，于翌年去世。

全盛期

当然,不只是对照反差,弘治帝的治世确实有值得称赞的地方。上世纪的萧条已经恢复,经济情况为之一变,因此需要制定合适的方针。其中之一就是致力于法律典章的完备,包括制定《问刑条例》、编纂《大明会典》等对刑法和国策的重新审视。第6章已经提到,"银差"等财政、税收中的白银使用得到认可,这也反映了当时社会的变化。

总之,成化、弘治年间至少在当时,对落后时代的洪武、永乐祖法进行了一定程度的修正,这些修正也成了后世的依据。

在这些调整中,规模巨大且引人注目的,要数长城的修筑和北边防御态势的重新整编。英宗亲征所反映的积极对外政策是永乐以来的体制,但由于"土木之变"的打击,此时发生了一百八十度的转变,修筑长城就是转向防卫的象征。

修复长城的同时,沿线设置了九个防御点作为军管区,即"九边重镇"。从这一时期开始,长城成了今天这般坚固而雄伟的建筑物,也是围绕着国境线的城墙。

于是,政治军事的中心越发移向北方边境。在生产力低下的地方配置官僚和军队,就更加需要依赖商业和流通,于是财政在此时开始使用白银,这也是表里一致的现象。对外方面,进入大航海时代的世界形势成为繁荣的诱因,对以后的对外关系产生了深刻影响。

15世纪末的成化、弘治年间是整个明朝的繁荣期,这一点无论当时还是后世的见解都是一致的,此时也正是内外政治经济的静态制度与动态形势达成平衡的时刻。

这一时期的君主无论自身能力如何,只要不做过于越轨之事,业绩自然就能上升。世界史上不乏这样的事例,即便不是弘治帝也会被评价为明君。

正德帝

然而就在此时,出现了一位极其荒唐的天子。他就是武宗正德帝,著名明君弘治帝的嗣子。正德帝在充满个性的明朝皇帝中也是突出的存在,从肖像上就能看出,他的图样和面貌都与别的皇帝不同。这究竟真是如此,还是画工有意为之呢?(图31)

如果用罗马史类比,正德帝相当于卡里古拉[1]或者卡拉卡拉[2]。他几

图31 正德帝

乎不参与政治,整天都在游玩。如果品行方正,也许会和父亲一样获得明君的评价,但事实并非如此。

正德帝似乎真的很讨厌皇帝这份工作。他在皇太子时代好学又

---

[1] 卡里古拉(Caligula,12—41):原名盖乌斯(Gaius),罗马帝国第三代皇帝,罗马帝国早期典型的暴君。在位期间建立恐怖统治,神化皇权,行事荒唐暴虐,公元41年被近卫军大队长刺杀身亡。

[2] 卡拉卡拉(Caracalla,186—217):3世纪前期罗马帝国皇帝,在位期间颁布安东尼努斯敕令,将罗马公民权赋予全体罗马人民,标志着罗马帝国由盛转衰。

精于武艺,很被众人所看好。如果从事其他工作,或许也是一位人才。中国皇帝中这样的例子不在少数,比如像日本史上的足利义政[1]般带有艺术家气质的北宋徽宗,就是其中的代表。

正德帝15岁继位,很快就放弃了一切政务,过上放纵安乐的生活。有时沉湎于扮演商人或军人的游戏,有时听信西藏的佛教,总之都是些脱离常轨的奇特行为。又如在宫中修建藏传佛教寺庙"豹房",聚集僧人、乐师和美女沉浸其中。他的著名故事在清代被汇编成野史外传《明武宗外纪》,能够走到这一步的天子也算得上绝无仅有了。

因此,世间对于正德帝的评价也是"杂乱无章、放纵无忌"。但这终究是士大夫和识字阶层的认识,对于一般庶民而言,皇帝在宫中做什么与自己几乎毫无关系,他们的视角恐怕没有考虑在内,因此是有失偏颇的评价。

皇帝也有要做的事务,如果不做,就得交给其他人代为办理。放弃职务的正德帝就把自己的工作交给了喜欢的宦官刘瑾。

根据史料记载,刘瑾劝说正德帝四处游玩,非常会讨皇帝的欢心。登上宦官最高位的司礼监掌印太监后,他把反对派的官僚全部清除出政界,由自己的亲信占据要职。此后官僚的晋升和军功的评价,都要靠贿赂来决定了。

---

[1] 足利义政(1436—1490):日本室町幕府第八代征夷大将军,在位期间因大名政策失当而引发应仁·文明之乱,成为长期战乱时代的开端。同时喜好艺术风流,常常庇护艺术者与文化人,在京都兴建银阁寺,促进了东山文化的繁荣。

重复的构造

刘瑾一派被称为"阉党","阉"就是宦官的意思,不过成员中也有不少官员。从英宗时期开始,党争因宦官的卷入而愈发炽烈,已经成为固定的政治构造。一百年后的17世纪初,这样的构造规模进一步扩大,演变为上下两分的政治斗争,正德帝和刘瑾可谓始作俑者。

总之,明朝的政治史就是以一定的团体重复同样的过程,因为以"私有化"为基础的政治体系从未改变。既然根本构造相同,即便演出的具体人物或个别行为有所不同,重复和模式化也是必然的结果。

当然,对刘瑾一派垄断政治心怀不满的势力也有不少,导致形势越发混乱。正德五年(1510)刘瑾以谋反罪被处死,此后也没有人为他辩护,留下的记录中只有耽于玩乐的天子恶行和贿赂横行的亲信弊政,但实情真的如此不堪吗?

刘瑾死后,正德帝的恶行也没有停止。至少皇帝本人并不认为自己的行为有任何不妥,记录者恐怕也是颇费踌躇才决定记录下来。以下是《明史·刘健传》的一节:

> "天下事岂皆内官所坏,朝臣坏事者十常六七,先生辈亦自知之。"

这是正德初年皇帝对内阁大学士、前朝元老刘健的发言,不想引起了大学士们的反弹,最终以正德帝"自愧失言"收场。但最后一幕恐怕是强调正德帝失政的曲笔,可以不纳入考虑。

不只正德帝,这恐怕是全明朝皇帝的心声,很好地表达了他们的立场。朝臣和宦官都很恶劣,只是谁稍微好一些而已。对于正德帝来说,尚且值得信任的宦官更好些。这是只能二选一的问题,也是明太祖所构建的不相信任何人、唯我独尊的"绝对帝制""私有化"体制所导致的结果。

时代之子

刘瑾和正德帝在留下的记录里被描写成十足的恶人,这是不能完全相信的。但既然没有更多的史料,无视记载也不可能,其间的判断和分辨非常困难。

可以肯定的是,正德帝的奇特举动不仅被后世,也被同时代人所厌恶,这等于是给反政权无赖的叛乱和政敌夺权提供了口实和机会。

正德五年(1510),发生了刘六、刘七之乱。虽然只是下层民众的叛乱,但它从河南省波及周边一带,耗费了两年时间才镇压下去。

不仅如此,更著名的是作为明朝宗室分封在江西省南昌的宁王朱宸濠发动的叛乱。正德十四年(1519)六月,宁王以篡夺皇位为目标,举兵后沿长江而下试图攻击南京,但是很快就被平定了。

平定叛乱的人,正是管辖江西省南方的南赣巡抚王守仁,也就是王阳明本人。如前章所说,他的阳明学是反对现有的朱子学、追求独立思辨的产物。如果聚焦于"心即理"这一主张,那么这和比起现有制度和地位,优先考虑自身欲求和判断的正德帝的态度,其实也没什么两样。在"知行合一",即思考和行动相一致、行动符合思想这一层面,两者也是共通的,区别仅在于王阳明谨慎、正德帝放浪而已。

中间隔着宁王宸濠之乱,象征时代的两人同时登上舞台。如果说穷尽思索的阳明学始祖、圣人王阳明是时代之子,那么特立独行、放任宦官跋扈行为的昏君正德帝,不也可以说是时代之子吗?

三、动荡的嘉靖朝

"大礼议"

尽管如此,正德帝的"知行合一"还是做过头了。"宁王之乱"爆发后,正德帝此前就想巡游江南,于是高兴地出兵亲征。但在到达南京之前,王守仁已经平定了叛乱,正德帝只好在第二年回京。

正德帝只是喜欢玩打仗的游戏,所以途中也没忘记游玩,结果在淮安掉落船下溺水。此后,正德帝的身体日渐不

图 32　嘉靖帝

支,一年后就驾崩了,享年 31 岁。时值 1521 年,正德帝没有子嗣。

继承帝位的是前代弘治帝弟弟的儿子嘉靖帝。他的治世和年号长达 45 年,占据了 16 世纪的主要部分。对于明朝而言,那也是内政和外交迎来巨大转折的时期。

然而,改元之初就遇到了大问题。那便是"大礼议",简而言之就是嘉靖帝继承了谁的帝位,这一礼制和皇统上的问题。嘉靖帝是前代正德帝的堂弟,其生父并非皇帝。从尊属、辈分的角度来看,嘉靖帝在皇统和谱系上的父亲,只能是上上代的弘治帝。但嘉靖帝本人从血统和孝道出发,希望将生父作为父亲尊奉。于是两者发生了对立,进而演变成党争。

　　这样的问题其实也是有先例的,那就是北宋的"濮议"。北宋第四代皇帝仁宗没有子嗣,继承人是仁宗的弟弟濮王之子,即英宗皇帝。英宗在如何待遇自己生父的问题上引发了争论:如果尊为先帝,那么谱系上前代的仁宗皇帝要怎么办?围绕这一皇统和礼仪上的问题,著名的北宋官僚进行了长达数年的论战,英宗也在这一过程中驾崩。后来神宗继位推行新法,但改革的士气从英宗时代就已经高涨。"濮议"不仅令改革受挫,也成了后来党争的根源。

　　嘉靖帝的"大礼议"就是"濮议"的翻版,围绕如何礼遇嘉靖帝的生父兴献王产生了争议。议论持续数年,最后还是顺应嘉靖帝的意愿,将兴献王作为前代皇帝祭祀,这也是优先尊重皇帝旨意的明朝体制的产物。

　　通过这一结局,嘉靖帝自身的威望和主导权得到强化,他虽然出身旁系,却成功将自己的血统定位成新的皇统。在这一层面上,嘉靖帝强烈意识到同样旁系继位开创新皇统的永乐帝。他修改永乐帝的庙号,将表示第二代的"太宗"改成更具始祖意味的"成祖",也包含着同样的意图。永乐帝始终强调继承父亲太祖,这一庙号与他本人的意愿和行动无疑是相差千里的。

大学士的时代

也许是在"大礼议"中尝到了成功的甜头,或是长期的议论养成了怪毛病,说起嘉靖帝,对他的评价就是热衷于礼仪和典章。他的突出业绩也是前半期以祭天礼仪为代表的礼制改革,后来关心的则是道教。

这也可以看作北宋徽宗皇帝的翻版。徽宗是亡国的昏君,嘉靖帝通常也被视为庸主,特别是他热衷于道教,结果服用丹药中毒而死。

但他也不是什么都没有做,嘉靖年间正值16世纪中期,是内外社会动向开始活跃的时代,政治上也需要有相应的调整。近年的研究对嘉靖前期的革新政策做了重新评价,特别是土地的丈量和赋役制度的改革,这些在后面的张居正改革中再次受到重视,并得以强力推行。此外还有对宗室的禄米削减、功臣世袭的禁止、冗余岗位的裁撤、科举制度的改革等,行政改革也有涉及,其实是很有进取心的方案。

当然,这些政策多大程度见效就是另一个问题了,嘉靖帝昏君的评价似乎也暗示了改革的结果。除礼制改革外,嘉靖帝都没有主导的迹象,行政改革完全是基于大臣的立案。因此,党争等政治体系问题也给改革投下了巨大的阴影。

主导嘉靖前期改革的是嘉靖六年(1527)担任内阁大学士的张璁,他在"大礼议"中支持嘉靖帝,扳倒反对嘉靖帝意见的前代大学士,从而掌握了主导权。他的关注点是削弱从正德帝刘瑾时代以来残存的宦官势力。

刘瑾一派曾经势头很大,不仅在宫中,地方上也有派去维持治安或从事涉外业务的亲信。张璁致力于排除这些势力,将权力体系改造为内阁主导,这也是与前代"阉党"的党争。

自此以后,嘉靖以降就是大学士的时代,一直延续到万历时期的张居正。当然,政治是否因此得到改善则是另一个问题。

严嵩专权

嘉靖帝开始沉迷道教是在嘉靖二十年(1541)左右,此后和正德帝一样留在宫中闭门不出。正德帝把政治交给他信赖的宦官,嘉靖帝或许有所警觉,就把政治托付给内阁大学士。要想得到沉迷道教的嘉靖帝的青睐,必须擅长撰写道教的祭文"青词",因此有了"青词宰相"的说法。通过这一特长成为宰相的,就是严嵩。

严嵩作为"首辅",即首席大学士掌握着极大的权力,和儿子严世蕃垄断政治达十五年之久。政以贿成,这让人联想起日本史上的田沼意次[1]。后来由于严世蕃营私舞弊而受到连坐,没收全部财产后在失意中死去。因为儿子而倒台,这一点也与田沼相同。

《明史》将严嵩列入《奸臣传》,严厉批评其"一意媚上,窃权罔利",认为他助长了嘉靖帝的昏庸。但是和正德帝的情况一样,这也是不能完全相信的。严嵩的施政整体上并没有太大的弊病,这一点也和田沼相同。

---

[1] 田沼意次(1719—1788):江户时代中期武士,远江相良藩初代藩主。德川家治时期被破格提拔为老中,开始进行幕政改革。明和四年(1767)到天明六年(1786)被称为"田沼时代",当政期间主要采取与商业资本结合、从商品经济发展中寻求幕府财政来源的政策。用人方面敢于打破身份和门阀惯例,破格提拔町人作为幕臣,但也造成了贿赂横行。天明四年(1784),其子田沼意知在江户城内被旗本佐野政言暗杀,成为其势力衰退的契机。

如后文所说,这一时期明朝最大的外患是"北虏南倭"。"北虏南倭"形成的原因非常复杂,当然不会是严嵩一个人的责任。身在局中的严嵩,不如说是缺乏有效的对策。

　　这期间,嘉靖帝将中意的大臣召进宫中,亲自下达裁决,不顺意的时候会毫不留情地加以处罚,甚至还有被判处死刑的。在沉湎道教的日子里,唯独君临决裁从来没有打算放弃。

　　这一点与前代不同,它既是皇帝本人的志向和意愿,也是"大礼议"和礼制改革中权威强化的结果。因此,皇帝的意向直接反映为现实政策,"北虏南倭"也应该与此关联起来考虑,严嵩的倒台最终也是嘉靖帝的决断。

　　换言之,严嵩专权不过是刘瑾专权的变异和重复。无论大学士和宦官孰善孰恶,明朝的皇权和政体就是这样的体系。由于作为体系存在,虽可以改头换面,也可以变换政策,但整体上不会变动,因此必须改变明朝的整个政体。如果看不到这些,只谈论君臣的个性和贤愚是没什么意义的。面对包括《明史》在内的史书记载,都需要注意这一点。

外患的时代——长城

　　根据《明史》记载,皇帝耽于道教、宰相收受贿赂的嘉靖年间,在对外关系上是极为重要的时代。当时的世界正值大航海时代,作为其中不可缺少的一环,东亚也迎来了动荡时期。

　　从英宗到嘉靖帝大约一个世纪,百年之间长城沿线蒙古的威胁开始增大。此前在土木堡俘虏英宗的是西方瓦剌部的首领也先,在他死后,瓦剌的势力消退。取代瓦剌发展势力的是东部的左翼,从中崛起并统率蒙古的人物是达延汗[1]。

达延是"大元"的讹称，光从名字来看，或许会令人联想起忽必烈的蒙古帝国，但他此时是否有征服中原和江南的雄心则是值得怀疑的。

当时是明朝产业取得显著发展的时期，蒙古的目标恐怕还是贸易。在此前后，蒙古兴起了喝茶的风潮。游牧民族以家畜为生计，单纯摄取动物性的营养，容易因维生素不足而换上脚气病等疾病。在这一点上，茶能够以饮料形式提供维生素等植物性营养，是非常便利的。对于草原的游牧民来说，茶已经成为不可或缺的物品。

明朝也有无法自己调度、需要从游牧民族输入的物资。在前近代，马匹带来了相当于现代汽车、坦克、飞机的机动力，游牧民族之所以善于战争，依靠的就是那样的机动力。这样根据南北双方的需要，就形成了茶马贸易。

但明朝是"朝贡一元体制"，不管是不是游牧民族，既然没有朝贡表示臣服，就不能进行正式的交易。达延汗统一之前，恐怕只有偶发的、间歇性的、小规模的交易，规模小就不引人注目，有时也会得到默许。

蒙古在达延汗之后，形成了统一的游牧国家，交易不得不开始有组织化，这也是政权统治的重要手段。在继承者俺答汗[2]的统治下，

---

[1] 达延汗(1474—1517)：名为孛儿只斤·巴图孟克，察哈尔蒙古始祖。在位期间征服瓦剌，解除西部威胁；统一东蒙古各部，加强军事组织；废除太师和丞相职位，结束了百年来异姓权臣专政割据的内乱局面。

[2] 俺答汗(1508—1582)：即孛儿只斤·俺答，达延汗之孙。在位时期屡次南下进犯明朝，谋求与明朝通贡互市，隆庆年间受封"顺义王"，开创了明蒙友好往来的局面。万历六年(1578)，皈依藏传佛教，促使其在蒙古广为传播。

大体达到了现在蒙古人的规模，他们不再满足于此前默许的偶发性交易，俺答汗开始向明朝要求公开的、组织性的贸易。

于是，明朝拿出了"朝贡一元体制"的原则，必须首先进行朝贡，甚至连朝贡都不允许。随着态度不断强硬，南北关系也急速恶化。

对于游牧民族而言，这是关乎生死的问题。愤怒的俺答汗包围了北京，时值1550年，根据当年的干支也称为"庚戌之变"。长城的防御在上世纪已经整备，但城墙只是为了防止轻易通过和频繁往来而建立的，蒙古的进攻此后也多次越过长城。"北虏"这一原指北方游牧民族的词语变得与军事威胁同义，就是从嘉靖时代开始的。

外患的时代——沿海

对蒙古的态度不见软化，这似乎是嘉靖帝本人的意思。不仅是北方，他对南方也保持着严厉的姿态，由此产生的就是著名的倭寇。

从15世纪开始，明朝的财政和经济已经置换为白银。但是中国国内无法获取白银，不得不从海外输入。在明朝的制度中，金银交易是禁止的，并且海外交易只限于通过朝贡的手段。尽管如此，白银的存在意味着违法的走私贸易已经成了公开的秘密。

刘瑾一派的宦官所从事的朝贡和涉外业务就是其中典型。在他们的默许下，偶发的不正当交易反复进行。刘瑾等人据说大量收受贿赂，这恐怕也与默许走私密切相关。贿赂姑且不谈，单从财政经济关联的角度而言，这种弛缓又通融的对应方式反而是顺应时代发展的。

对于这样的不法行为，嘉靖帝采取高压的态势。话虽如此，但终究不同于靠近北京的蒙古，因为在遥远的南方，即便再严厉的指令，也会被巧妙化解为缓和的手段。

恰好在这个时候，上任了一位认真的清官。这位名叫朱纨的官员奉了北京的命令前来严查走私，并且将走私的据点一举摧毁。

当时的海外贸易是由沿海大陆的人们和海外来的人们在相遇后设立据点进行的，这类据点之一就是浙江省舟山群岛附近的双屿，也是中外商人聚集的市场。

由于朱纨进攻双屿，实为海商的走私商人在遭到镇压后转向武力抗争，成为之后的海贼，也就是"倭寇"。虽然称为"倭寇"，但并不只是日本列岛的人们。大陆也有很多人在其中效力，代表者就是王直。

王直以日本平户作为据点，开展海上贸易和海贼活动。从平户到中国沿海的航线以后也继续使用，扩大为16世纪末长崎到澳门的航线。澳门与双屿一样，是中外商人聚集的居住地。这是因为遭到镇压，"倭寇"据点南下福建、广东而引发的事态，当时的日本人将那里称为"天川（[a]makaw[a]）"，是从"澳门（Macau）"的地方发音转讹过来的。

以朱纨摧毁据点为契机出现的骚乱持续不断，后来上任的胡宗宪试图收拾局面，以处死王直的方式暂时平息了事态。任用胡宗宪的正是宰相严嵩，考虑到这一点，严嵩也不全是恶评中说的那样。

当然，这样无法根绝外患。虽说是对外危机，其间还交织着贸易问题，与中国和外国的经济状况密切相关。因此，抛开经济讨论外交是不可能的，明朝政治史也在此迎来新的阶段。

第 11 章

"明末清初"

一、"北虏南倭"

明清史

在明代的政治史中，我们首先论述了"明初"，也就是从建国到
15世纪中期大约百年的体制确立时期。随后，前一章讲述了体制本
身在经过百年以后，到16世纪中期，即嘉靖这一年号的时代，出现了
对外事件和对外危机。

此时的危机俗称"北虏南倭"，也就是以"北方索虏"和"南方倭
寇"形式出现的外来威胁。在这样的危机下，东亚于16世纪后期开
始进入新的时代。这个过程一言以蔽之，就是"明末清初"。

众所周知，16世纪后期到17世纪初同时代的日本，正是织丰时期[1]

---

[1] 织丰时期(1573—1603)：指织田信长和丰臣秀吉先后称霸日本的时期，上承室町时代，下启
　　江户时代。这一时期，战国时代的分裂局面开始朝着统一方向迈进，显露出近世社会的特
　　征。根据当时的政治中心所在，也称为"安土桃山时代"。

到江户幕府建立,也就是中世到近世的转换期。在世界史中,也是"17世纪危机"这一概念所反映的重大转型时期。更准确地说,世界史的转型在日本表现为战国末期到江户幕府建立,在中国则以"明末清初"的形式出现。

这里的"明末清初"如其字面意思,就是指明朝末年和清朝初年断代史。虽然已经广泛使用,但对其具体含义往往没有清楚的认知。

在东洋史和中国史的脉络中,也有"明清史"的说法,比如"我的专业是明清史"这样熟悉的表达。如果按照字面意思,应该是指从14世纪后期建立的明朝到20世纪初灭亡的清朝,加起来大约五百五十年时间。如果真这么理解,就意味着一个人一口气研究了六百年的历史,这当然是不可能的,也绝非人力所能做到。因此,虽说是"明清史",却不能从字面上去理解。

那么,"明清"是指什么呢?其实就是"明末清初",通常指明朝到清朝的过渡期。反过来说,东洋史学的"明清",不包括诸如14—15世纪的明朝前期,以及18—19世纪以后的清朝后期。既然被置于"明清史"范围之外,相关研究当然也很薄弱,至少研究积累和水准无法与"明末清初"相比。

"明末清初"的研究如此集中,可见是极其重要的时期。这样的情况和现象不只在日本,中国学界大体也是如此,但一度不称作"明清史"或"明末清初",而是更具体地称为"资本主义萌芽期"。

这是基于中国官方历史观的概念。中国本来就有独立发展的资本主义,也就是近代发展的"萌芽",却因为西洋的侵略被摘去了萌芽,沦为"半殖民地半封建社会",这是与时代区分相对应的理论。

如何运用史实进行学术、科学的证明，就是新中国成立初期历史研究的课题。具备"萌芽"的时代就相当于"明末清初"，因此中国的研究也都集中于此。

本章的对象就是前人研究中最重要的时期，必须从世界范围的视角进行考察。上文中之所以与日本史、世界史相关联，也是因为"北虏南倭"的现象仅从中国角度是无法充分说明的。

大航海时代

如上所述，"北虏南倭"是指来自陆上蒙古和海上倭寇军事威胁的四字熟语，但在军事背后还有经济问题。武装和行使武力，都是源于贸易的需求，因为当时的贸易本身就是违法的。

中国需要海外的白银，海外诸国则需要中国的产品，特别是生丝和棉织品，北方则需要茶叶。由此，双方产生了互相交易的强烈动机。

然而，明朝实行与此相反的"朝贡一元体制"，只承认极为有限的贸易。前文已经提到，"朝贡一元体制"是基于内外秩序体系的内向经济体制和实物主义的外在反映。

尽可能排除商业、不使用货币，如此就没有内外之别。海外贸易自然也要尽量规避，但为了维持与海外诸国的秩序关系，只要通过"朝贡"表明臣服之意，依然可以在规定范围内准许对方所希望的交易。

但是，这样的"朝贡一元体制"已经无法抑制中国内外的经济需求和贸易渴望，违背法令的走私公开进行着。到了嘉靖年间，官员突然将这些行为视为非法并强行镇压,结果从武力冲突发展成了骚乱和侵略,这就是"北虏南倭"。

如此看来,这不是单纯的武力冲突,背后有着更深层的社会经济条件和原因。其前提不只在中国内部,而是 16 世纪中期的世界局势。

众所周知,15 世纪末到 16 世纪初进入了大航海时代。当时,达·伽马绕过"发现"的好望角开辟了印度航线,哥伦布则"发现"了大西洋航线,两者都在 17 世纪作为远距离交易的路线固定下来。随着这些交易路线流动的,就是大量增产的白银。

这些白银先从美洲流入欧洲,又从欧洲流向亚洲,最后进入中国。由于从中国流出的白银极少,中国也被称为"白银墓地"。

这是世界经济的起步阶段,现代所说的世界一体化,或是最近流行的全球化,即包含美洲大陆在内的整个地球连成一体,都是从这个时代开始的。作为"白银墓地"发挥重要作用的便是明朝治下的中国,政治史上表现为"北虏南倭"。

"华夷同体"

虽然实物主义已经无法支撑财政经济,但明朝依然固执于这一政策。或者说,他们不具备顺应时代进行制度改革的实力和见识。不仅如此,还一味招来混乱,这就是当时明朝政府的实态。

前文多次提到,明朝体制的对外姿态是以长城和海岸线为界,内外截然区分。换言之,陆地上依靠长城,海岸线则以海禁形式,阻断人与物的来往。这一时期的白银浪潮和吸收白银的中国经济力,正在突破这一阻断的边界。

正如"华夷殊别"这一意识形态所反映的,中外之间以长城和海禁作为分隔的界限,将内部变为"中华"就是明朝的国策。因此,突破这一界限就意味着对"华夷殊别"意识形态的否定,"北虏南倭"即是其政治上的反映。

当时的史料中还出现了"华夷同体"的说法。比如江南三角洲出身的官员唐枢,他曾针对倭寇首领王直的处置向胡宗宪建言,其中一节说道:

> 华夷同体,有无相通,实理势之所必然。中国与夷,各擅土产,故贸易难绝。(唐枢《覆胡梅林论处王直》,《皇明经世文编》卷二七〇)

简而言之,海外贸易已成既定事实,其背景就是"华夷同体"的"状况"。从实际来看,当局者需要对眼前的情况做灵活应对,因此往往采取默认的态度。应对"倭寇"的最好对策就是开放贸易,唐枢只是再一次形诸文字而已。

"华夷同体"的内在表现不只是界限被打破。一旦打破界限,内侧的"中华"(汉人)和外侧的"外夷"(日本、南蛮等)就能够往来交易。于是需要作为落脚点的居住地,也就是"华夷"混杂的走私者所聚集的隐秘据点。

这一连串的过程已经是既定事实,也就是所谓"状况",学界经常使用"倭寇式状况"的提法(荒野2019)。确实,倭寇不是一次性的事件和骚扰,而是长期持续的"状况"。

"国际人"

最早出现也最为繁荣的居住地，就是浙江省宁波附近的双屿。嘉靖年间，朱纨这一耿直的官员对双屿强力镇压，结果引发了嘉靖大倭寇。

于是，无法待在双屿的"倭寇"南下，下一个据点就是台湾对岸的月港。月港之后很快就改名了，位于今天的厦门附近，其发端正在于此。为了和印度洋西岸的人群相连，他们再度南下，于是澳门也成了重要据点。

当然，他们的据点并不都在中国沿岸，既然称为"倭寇"，其据点其实是在日本。为何称为"倭寇"？又为何是在日本？理由非常简单，因为日本盛产白银。当时的欧洲人也将日本视为世界著名的金银产地，地图上还标记着石见银山[1]这一著名的矿山。

日本的倭寇据点和居住地就是平户。嘉靖大倭寇的首领王直把平户作为根据地，后来郑芝龙等海贼首领也是如此。郑芝龙娶了平户的日本女性，两人之子就是日本人熟悉的《国姓爷合战》[2]里的郑成功。郑氏的根据地本来在厦门，"国姓爷"郑成功即是倭寇的终结。

---

[1] 石见银山：位于日本岛根县大田市，是日本战国时代后期到江户时代前期最大的银矿山，其产量曾高达当时全球的三分之一左右。江户初期银矿逐渐枯竭，明治以后主要以含铜矿物的开采为主。

[2] 国姓爷合战：17世纪日本著名戏剧家近松门左卫门（1652—1724）创作的净琉璃戏剧，虚构了郑成功举兵抗清复明，最后成功打下南京城、驱逐清兵的故事。

当时的"倭寇式状况",波及相当于东亚海域全境的交易圈。那里形成了居住地和根据地,杂居着明人、日本人和葡萄牙人。"华夷同体"不是单纯的比喻和形容,而是与明朝体制逆向而行的现实。

这样的情况不止于"南倭",也就是南方沿海的倭寇,对于"北虏",即长城周边也是一样的。

长城是游牧和农耕的分界线,周边进行着茶和马等主要商品的交易,与东南沿海一样,形成了据点和居住地。蒙古语的"baixing",汉语的"板升",原本从汉语"百姓"而来,有着人群聚集的意象。那显然是"华夷同体",即蒙古人和汉人杂居的聚落,学界有时也称作"牧农王国"(萩原1980,岩井2020)。

> 呜呼!……辨华夷者,王道也。昔也外夷入中华,今也华人入外夷也。(郑晓《吾学编》"皇明四夷考序"嘉靖甲子三月朔日)

文章虽然很短,却极好地反映了明朝理想的世界秩序和"华夷同体"现状间的矛盾。在这样"北虏南倭"的状态下,纷争和武力冲突不可避免。

生活于其中的人们也被称为"国际人"或"边境人",其范围不限于"倭寇"和蒙古人(岩井2020)。就是在这样的地方,出现了试图重新整合充满矛盾的秩序、建立下一代政权的人群和势力。让我们变换舞台,重新思考这一情况。

变化

如前章所说,热衷道教祭祀的嘉靖帝在政治上坚持强硬态度和原则主义,面对"北虏南倭"的棘手局面,依然不打算改变对外政策的姿态。

嘉靖朝结束后,进入16世纪后期,即16世纪60—70年代的隆庆时期。明朝的政策方针终于有了转变,同时也出现了缓和"北虏南倭"的动向。

首先是在今天厦门附近的"倭寇"根据地月港,华人的海外航行开始得到认可,这是1567年的政策。当然,这并不是作为法令公开宣布的,至少在当时的史料中没有记载。很久以后福建当局的许孚远言及取消海禁的先例,这一事实才得以判明。

正如明朝徭役制度变革中反映的那样,改革不是由某个人提倡和决策的,更没有任何的规划,海禁大抵也是如此。撤销海禁不是重大的方针转换,当初只是局部性、暂时性的措施。

另一个动向就是1571年的"隆庆和议",即与"北虏"蒙古的和睦,与俺答汗的和睦,因此不像开放月港般悄悄进行。作为北京附近的一件大事,"和议"留下了很多记录,可以知晓详细的经过。

这样的和睦实际就是公认了蒙古的茶马贸易,在当时文书中采用"互市"的说法。但其整体的定位和框架,仍然是对俺答汗进行"封贡",也就是在册封后认可其朝贡。换言之,这是维持"朝贡一元体制"原则之下的和睦。

这一模式在二十年后丰臣秀吉出兵朝鲜时仍是如此,也就是在认可对方（理应）希望的贸易的基础上，迫使其接受"朝贡一元体制"的原则。但是，日本的丰臣秀吉完全不理解这种中华式的逻辑，和议走向破裂。

不变

这一事件在当时的语境下称为"俺答汗入贡"。明代以后，无论实际情况如何，汉人所言所书，以及让汉人所见所知的，只能是这样的表述。这是"朝贡一元体制"框架下的产物，未必能够直接视为真实情况。

当时的情况是达成"隆庆和议"后，蒙古与明朝恢复了和平，但是与蒙古的交流和交易不断繁荣，"板升"数量激增，当局不得不加以统制，史料称为"议者忧之"。结果，俺答汗的册封和朝贡（互市）被后世评价为"不过苟且目前"（夏燮《明通鉴》卷六五，隆庆五年九月癸未条考异）。总之，这种坚守"朝贡一元体制"原则，只承认部分交易的做法不过是敷衍塞责，把问题推给后世，其实质是原则和现状的乖离。

与"北虏"俺答汗的"互市"发生在今天的呼和浩特，当时是最大的"板升"，后改名为"归化城"。从名称中也可以看出，这只是为了防止危机加剧的"保险阀"式的措施。"归化"是"归顺"于中华明朝"德化"的意思，也是华夷意识的反映，但终究只是原则层面的产物。

再来重新考察"南倭"的情况。准许出航贸易的居住地月港，此后改名"海澄"，其中也包含着海域安定的原则和愿望。一南一北，两边都是设立了"保险阀"进行缝补。

"北虏南倭"的危机借助"保险阀"终于得以收场,但这不是根本性的方针转变。换言之,实物主义理念、"朝贡一元体制"框架,以及支撑它们的意识形态,仍是祖宗创立的神圣体制和法则,并没有任何的触及。这样的姿态此后也一直持续,进而衍生出新的事态。

二、改 革

张居正登场

　　嘉靖朝的对外危机在隆庆朝基本结束,不久就进入了万历朝。"万历"这一年号,也就是万历帝的治世是明朝最长的,从公元1573年一直到1620年。

　　这样的长期统治,意味着万历帝幼年就已经继位,并且在位之初没有亲政。当时代为执政的人物是张居正。

　　张居正当政是在万历初年,此前从嘉靖到万历初年都是宰相的时代。如前文所说,明朝的宰相其实是内阁大学士,

图33　张居正

"首辅"最有权力主导政务。这一先例起于扳倒刘瑾等"阉党"的嘉靖朝张璁、严嵩等人,围绕首辅地位的争斗几乎等同于嘉靖至万历初年的政治史。

　　严嵩又称"青词宰相""贿赂宰相",据说其私产不可胜数,后来

图34　徐　阶

也因为这些污名遭到弹劾而倒台，代替他成为首辅的是著名的阳明学者徐阶。

尽管如此，徐阶在业绩和操守上也并没有什么进步。他在家乡松江有大片的田园，子弟仆从极为蛮横，这是史料中的著名故事，晚年也遭到了弹劾。

从首辅的操守来看，这恐怕不是个人的特殊倾向，追求私情和私利就是体制"私有化"的明朝本身。仿佛与之相应，这在16世纪成了一种社会风潮。正德帝和刘瑾的放纵、嘉靖帝的行为，与严嵩、徐阶的私欲一脉相通，也就是上文所说优先考虑人情、心和"良知"的阳明学原理和表里一致的思潮，可以说是时代的产物。

在宫中与宦官勾结，推倒徐阶后掌握实权的就是张居正。他作为内阁大学士与宫中关系颇深，也是幼年天子的师父。既然是通过与皇帝的私人关系产生的权力，张居正政权也可以看作明朝特有的"私有化"体制的反映。

对于年幼的万历帝来说，张居正是非常严厉的老师，只能对他唯唯诺诺。这样的师徒关系也投射到皇帝和首辅的立场上，所以张居正能够尽情地施展抱负。既然是"尽情地"，他的施政就与正德帝或阳明学一样，还是基于"知行合一"的志向和脉络。

构想

张居正应该是明朝最有名的政治家之一，他推行了大刀阔斧的改革。明朝的历史大抵模仿宋朝，这不只是后世基于客观观察的结论，同时代人主观意识下的言行也是如此。这么说来，推行改革的张居正就是北宋王安石般的人物。

但若与王安石仔细对比的话，不仅权力的获得和主君的关系各异，改革的内容与意向也不尽相同。虽然同为宰相、改革家，但其中的区别在思考时代时不容忽视。

张居正的改革以"私有化"和私人关系作为前提，他的个性首先成了问题。

从整个中国历史来看，明代也有很多脱离常轨的人，至少他们的名字能够被流传下来就堪称奇观。仅前文提到的就有不断扩大杀戮的洪武、永乐父子，不关心仕途的"吴中四才子"，与正统朱子学背道而驰的王阳明，当皇帝却不做皇帝事的正德帝，身为儒家天子却沉迷道教的嘉靖帝，他们都是超脱常理的人物。张居正也是如此，从这样的超脱也能看出他个性的一端。

张居正理想中的政治家是秦始皇和忽必烈，这已经偏离了中国传统的史观。秦始皇因"焚书坑儒"遭到众多非难，在儒家立场上是暴君的代表，也是胡作非为的人物。弹压儒家而强制推行法家政治的秦朝迅速灭亡，取代它的汉朝因保护和兴隆儒学而延续四百余年，这是中国政治思想的基本立场。蒙古的忽必烈也是如此，那是明朝轻视的胡族，一般被视为穷兵黩武、荒废科举的暴君。

但张居正的看法不同于这样的史观,他把暴君秦始皇、忽必烈与明太祖相提并论,设定为自己的目标。如前所说,明太祖客观而言确实是残暴的君主,其评价也未尝可知,但他终究是现王朝的始祖,对于明代人而言是必须尊敬的存在,也是应当赞誉的标准。

那么,张居正的评价标准是什么呢?就是执行力。实行有效政治的是现王朝的始祖太祖,能够与之相比的只有秦始皇和忽必烈。张居正在《陈六事书》这一著名上奏中也说道:"扫无用之虚词,求躬行之实效。"(《张太岳文集》卷三六)客观来说,这里相通的就是基于法制的强权政治。

张居正将强力执行作为座右铭。他敢于这样说,并且被视为奇行,本身反映出中央统制力已经十分微弱的事实。应对"北虏南倭"也是如此,一切都要交给地方处理。这时以重新收拢大权作为目的,通过强力执行推进改革的过程,就是张居正的十年执政。

成果

当时改革中的重要措施,首先就是考成法。考成的"成"是指成果、成绩,"考"就是调查的意思,也就是对官僚的业务进行严格的评定。反过来说,此前的官僚都没有像样的业绩考核,基本等同于放养。

即便说不上放养,不仅官僚机构和民间社会日益脱节,监察胡作非为的制度也基本没有运行。在张居正看来,权力的控制和掌握松散到了如此地步,必须对其加以改造。

虽然是严格的业务评定,但业务内容主要就是收取税金,因此在考核税金征收的同时,也必然要对税收制度进行改革。

最大的征税对象就是作为生存基础的土地。土地的现状如何,多少土地归谁所有,是谁在从事耕作,如果不能明确掌握这些内容,就无法进行征税。于是张居正开始了土地的重新调查,也就是土地丈量。这在权势阶层引起了恐慌,可见此前没有过实质性的丈量。

明朝的原则是实物主义,直接征收土地上生长的物品,土地的丈量理应定期进行。为了按照规定实行征税,土地调查是不可缺少的。

如前所述,实物主义虽然残存,但已经名存实亡了。土地税也好,徭役也好,习惯上都改由白银支付。土地税因税目和手续变动较少,尚且容易调整。但徭役有所不同,首先必须把握征发劳动力的人口,其劳动形态也有搬运税收、官衙门卫、照顾马匹等多种多样。这些都置换为白银后,尽管各种劳动也都以白银形式支付,但原有的劳动项目依然保留,需要逐一支付。因此即便成了银差,出纳也极为烦琐,必然容易引发贪污和混乱。

于是,把各项负担一体化的动向在各地陆续发展起来,张居正则是把这种动向推广到了全国规模,称为"一条鞭"。汉语的"鞭"和"编"同音,即一体化的意思,这就是著名的"一条鞭法"。

这样的负担根据富裕权贵拥有的土地和成年男子的数量摊派,一体化的土地税称为"地银",徭役负担称为"丁银",后来两者合并成了"地丁银"。

商业中的财富和负担也在不断集中,比如食盐专卖的开中法早已有名无实,食盐买卖被少数权贵商人独占。万历末年制定的"纲法"就是将这样的情况制度化,食盐专卖和税金负担全都委托给了指定任命的若干商人。伴随税收承包的进行，清朝固定下来的地丁银和纲法都可以视作张居正改革趋势的归结。

性质

通过上述改革，违法和漏税的官僚权贵被揭发，税银征收变得便利，因此财政也有所好转。在顺应社会动向取得成果这一点上，张居正改革与五百年前的王安石变法有值得一比之处。但整体而言，两者并不能完全视为相同，我们来看其中的情况。

随着财政整理的进展，其成果留下了记载。万历年间有很多财政的记录，能够留存至今也反映了这一过程。关于明末清初社会经济史的研究不断发展，其史料前提正是因张居正改革而出现的会计录。这些会计录成了此后赋役全书和清代财政记录的雏形，后世也频繁进行编纂。为了掌握这一动向，必须超越张居正本身，从更长远的眼光进行考察。这里需要注意的是，包含编纂记录在内的改革的体制性定位。

明代地域之间差别极大，也是居民流动化的时代。全国一致的政治和中央发出统一政令，在地方上是很难执行的。

尽管如此，地方却没有独立制定和提出政策的制度与权限，也没有那样的能力。当地根据实际情况做出应对，在走投无路中反复调整才是实情。徭役向银差的转变，就是从地方层面开始的典型事例。

为了让中央政府把握四分五裂的现状，在不产生矛盾的前提下引导统一的方向，张居正的措施就是派遣官员强化监察。在这一意义上,将所谓"集权"主义与当地地方主义状况相契合,试图恢复中央的权威(岩井1989、1993),就是张居正改革贯彻始终的理念。

反过来讲,它不像北宋王安石新法那样触及基层社会的根底,从基层着手改革。即便张居正也无法做到那个程度,这是时代的趋势。

展望

从这一点来看,统治体制相对于明初已经发生了巨大的转变。当时的理念和原则是皇帝直辖地方社会,每个行政区划都有单纯管理民政的机构和单纯管理军事的机构,分别直属于皇帝。但是,这样的体制显然无法维持下去了。

推行地方整体统治,也就是将地方行政和对策交给当地,设置宏观统辖并与中央相连的职位,也是其中一环。那就是"巡抚"和"总督",所辖范围大体相当于一个省。明太祖废止的行省,在此又重新复活了。

总督和巡抚统称"督抚",原本是临时特派的职务,镇压叛乱的王阳明就是如此。特别是总督在带有军事任务的时候,通常被委以全权。但是,他们在明末清初时期逐渐转变为常驻的地方官员,清代时总督和巡抚成了常设职务。从这一脉络来看,清朝对汉人统治的出发点正是张居正改革。

张居正改革依靠自身所重视的执行力,客观上确实取得了成果,这一评价本身和现代历史学家的见解基本一致,在当时也是没有异议的。

张居正于万历十年六月二十日（1582 年 7 月 9 日）去世，享年 57 岁。《明神宗实录》当日条中记载了他的生前事迹。"成君德，抑近幸，严考成，综名实，清邮传，核地亩，洵经济之才也。"对他的业绩给予了最高程度的赞美。但这并不是大团圆的结局，后文以"惜其"开头，也谈及了张居正死后被剥夺荣誉的悲惨命运。[1]

　　16 世纪已经迎来尾声，此后的政治史动向是对明朝这一时代，或者说政权体制本身的清算，同时也是走向明清交替必然归宿的过程。

---

[1] 原文为：惜其偏衷多忌，小器易盈，钳制言官，倚信佞幸。方其怙宠夺情时，本根已断矣。威权震主，祸萌骖乘。何怪乎身死未几，而戮辱随之也。

第 VI 部

崩潰

明代とは何か

顾炎武的学问正是时代本身的写照。作为最后的明朝人，他将明末的学问进一步洗练，一定程度反映了明末的可能性。但是，他也是清初人，作为清初人的他坦然地否定了明末人的自己。……他的主张中有着南辕北辙的奇妙矛盾。明末给人以新社会的预感，又通过顾炎武描绘了新型的国家蓝图。但新的社会终究没有来到，他的新型国家蓝图只能是非现实的空想。

（井上1994）

欧洲一卢梭出而千百卢梭接踵而兴，风驰云卷，顷刻遍天下；中国一梨洲（黄宗羲）出，而二百年来，曾无第二之梨洲其人者。卢梭之书一出世，再版者数十次，重译者十余国；梨洲之著述，乃二百年来溷沉于训诂名物之故纸堆中，若隐若显，不佚如缕。……人人知崇拜中国之卢梭，则二十世纪之中国，视十九世纪之欧洲，又何多让焉，又何多让焉！

（梁启超1902，岛田1965译）[1]

---

[1] 本段引文初见于《新民丛报》1902年8月第14号，原为《黄梨洲》一文的序言。1965年由岛田虔次翻译成日文，此处回译为原文。

第 12 章

灭 亡 之 路

一、万 历

张居正的遗产？

16世纪末到17世纪初，也就是万历年间后期，明朝作为一个政权，其功能事实上已经画上了休止符。"明亡于万历"，这是后世脍炙人口的评价，大致可以说是正确的。

正如武宗正德帝那样，明代昏君的肖像是很有特点的，万历帝的肖像画似乎也不例外。从这一点来看，应该是掺入了世间的评价有意为之（图35）。

图35 万历帝

同样是万历年间，前十年也就是16世纪70年代，是张居正发动强权推行改革的时期。改革本身获得了一定成果，对后世也有不少影响。或许可以这样认为，张居正自身所期待进行的事，被遥远后世的清朝继承了。那么，为什么说"明亡于万历"呢？我们就从这里开始谈起。

如上文所说，15—16世纪是民间力量上升的时期，因此也是政权或体制对民间控制力相对缺失的时代。权力和官僚制不再能够管制和保护民间，因而民间各地以多种关系独自形成了中间团体，创造出自我规则和保护机制。

于是出现了这样的关系：民间社会交回给民间，由民间自主运营，政府和官僚制主要考虑自己的生存。但是，官僚是来自民间的精英，相互关联的通道仍然存在。这样的通道比如科举、地方乡绅等，但是科举合格极为困难，流通也是很有限的。

通道既狭窄又稀少，无法进入官僚制和政权的人们数不胜数。这些人会扰乱社会的安定，引发政治性的叛乱，类似事例反映为全国性经济问题的典型，比如沿海的"倭寇"和蒙古边境的"板升"，也就是"北虏南倭"。

虽然眼下需要个别处理，但这样做并不充分，必须制定整体的措施，因此需要对制度的原理加以修正。中央统一的直接掌控已经难以实现，只能将地方事务交给地方，但为了使一定的管辖范围在整体上不至于产生矛盾，必须尽可能临近并加以有效的监视和管理。为了实现这一点，需要将拥有一定裁量权和抑制力，也就是拥有较大权限的官员从中央派遣到当地。

他们就是管辖一省范围的所谓"督抚"，也就是总督和巡抚。以前由蒙古设立、被明太祖废除的"行省"制度，在经历明朝一代的试错过程后重新复活，并且被清代所继承。督抚在明代还是临时、暂定的职务，经过明清交替的17世纪后固定下来，最终成为常设的官职。

为了在这样的趋势中保持权威而规律的行政,不至于陷入无秩序、无轨道的状况,中央政府一面对地方加强监视,一面承认其应对实际事务的裁量权力。换言之,既要确保集权的立场,又要尊重地方的意向,不得不成为中央政府的方针。这可以说是在地主义、现场主义和"集权主义"的组合政治体系,既是张居正理想的政体,也被后来的清代所继承。

万历帝的个性

如果既要维持明朝的体制,又要和有效行政达成平衡,就只有采用张居正的方法。如果真心以这样的前提运营政治,就更是如此了。务实的清朝在几百年后继承了张居正的理念,这是值得认同的结果。

反过来说,如果不把行政实效性和中央与地方的权力平衡考虑在内,又会怎么样呢?那就是张居正以后的明朝历史,执其先鞭的正是万历帝自己。"明亡于万历"的评价,自然与此深刻关联。

这种失去平衡的现象,在三百年后的19世纪也能看到。只要想象一下李鸿章、袁世凯掌握权力的时候,或是清朝在辛亥革命中灭亡、发展为军阀抗争的过程就可以了。所谓明末和清末,可以说都是这样的时代。

清朝尊重并继承的张居正改革,从明朝的政治史来说,却几乎没有对他的尊重和持续。张居正去世后,很快出现了对强权的反动,改革本身遭到否定。不仅是改革,张居正自己及其一族也都沦为了罪人。

铁腕宰相张居正是"首辅",也就是首席内阁大学士,本来也是皇帝的师父和家庭教师。他和幼年万历帝的关系正是过去的老师和徒弟,何况张居正还是异常严厉的老师。

今天称为"学术骚扰""权力骚扰"的行为,在过去的教育中普遍存在,以前的中国人也认为,"教不严,师之惰"。张居正正是个毫不偷懒的"魔鬼教师",作为儿童和学生的万历帝非常怕他。张居正死后,最开心的人据说就是万历帝了。

万历帝庆幸于老师已不在人世,沉浸在解放的喜悦之中,这也是作为芸芸众生的我们所能共通的感情。然而,身为万乘之尊的天子此后数十年一直维持着松懈的状态,始终如一地消极怠工,这是不寻常且难以理解的,大概也是时代、体制和立场不同吧。

万历帝的肖像和正德帝一样,看上去都是极具特征的风貌。他三十多年一步也没有踏出过紫禁城,基本都是在后宫中生活。

万历帝并不是没有政务可做。前文提到,15 世纪末到 16 世纪初正是民间势力增大,同时对外状况不断恶化的时代。在关乎天下的内外危机中,万历帝本人却没有表现出任何的关心。

"三大征"

对外危机俗称"三大征",也就是有三次大规模的远征,而且几乎是同时进行的。

首先是 1592 年的宁夏之役。宁夏在现代中国的同名地区,位于陕西以西,虽然是干燥地带,但因黄河的灌溉形成了肥沃的农田。

因此，当时也是九边重镇之一的军事要地。哱拜在此发动叛乱，他原本是投降的蒙古军人，与此前的"北虏"有很深的关联。

虽然像俺答汗包围北京那样与蒙古游牧国家的全面对抗已经消解，但和平关系的持续需要双方的协作、调节和努力。如果努力不够充分，则随时可能引发边境的纷争和骚扰。"哱拜之乱"就是将这一情况以负面形式表现出来的例子。

"哱拜之乱"起于和汉人官僚的纷争，他还联络蒙古，持续抵抗达八个月之久。明朝出动大军，好不容易把叛乱镇压下去。

这样的情况不仅限于北边的蒙古，与"北虏"几乎无关的西南边境也出现了相同的问题。第二次"大征"是播州之役，播州就是现在贵州的遵义，在那里发生了军事叛乱。叛乱之人是贵州的土司，名叫杨应龙。

"土司"指当地非汉人集团的酋长，杨应龙是自古生活在此地的苗人的统帅。16世纪90年代，他不断反抗中央政府，多次在附近展开掠夺。由于和后文的朝鲜之役时间重叠，骚乱延续了很长时间。等到朝鲜半岛局势稳定后，明朝的军队才转向西南，1601年终于平定叛乱。这也是对不同习俗的集团和势力的控制问题。

最后就是我们熟知的丰臣秀吉出兵朝鲜。丰臣秀吉的出兵本来将"入唐"，也就是进攻明朝作为目标，在日本军队席卷朝鲜半岛之际，阻挡其攻势的就是明军，因此也可以称为"明日战争"。如果朝鲜半岛被占领，北京就在咫尺之间，因此明朝必须亲自出兵作战。

丰臣秀吉的出兵完全无视了明朝所设定的东亚"华夷秩序"，并且议和后两国关系再度破裂导致二次出兵，其原因也是围绕对日本及丰臣秀吉的"册封"。这依然是与旧体制的摩擦，其间经过此处不再赘述。

如此,所谓万历"三大征"都是由明朝边境对外秩序的矛盾而引发的军事行动,这一点可以视作"北虏南倭"的延续。"北虏南倭"在16世纪中叶影响重大,但这是以前就存在的"状况",不如说是对策失误而引发的事态。因此,其规模普遍很小,只要应对"状况"采取回归常态的措施,骚乱就能恢复到以前的平静。这就是"隆庆和议"和月港开放,所以也被称作"苟且目前"。

"三大征"则是在这些"状况"常态化、平静化以后发生的"事件"。因此,眼前的外部威胁已不再是16世纪以前"状况"的阶段,而是发展到了"事件"和"事变",也就是在世纪之交的17世纪里,"苟且目前"的补救措施已经无法维持安定的"危机"阶段。

二、 缩　影

天生的挥霍家

外部的威胁加大了军费开支,太仓银库的岁收约为400万两,花费是接近其三倍的1000万两以上。当时的财政制度有很多不清楚的地方,无法进行精准的统计,但财政困难是肯定的,于是出现了巨额的增税。那就是臭名昭著的"三饷",目的是应对对外战争及国内的治安维持。这样的财政困境此后一直持续,加速了政治社会的混乱,成为明朝灭亡的原因之一。

不只是边境上,也就是外来的威胁,更成问题的是内政。借助张

何谓明代

居正的强力改革,税收得以丰足,财政理应出现结余,然而由于万历帝的挥霍无度和政治混乱,财政很快又陷入了困境。

万历帝在位近半个世纪,除了张居正执政在世的最初十年,可以说就是反复地胡作非为。比如他热衷于建造自己的陵墓,那就是拥有宏大地宫的北京定陵,其规模现在也保存了下来。怎样把定陵造得更加繁华,这是亲政之初万历帝最关心的问题,为此不惜动员手头和手边的财富和权力。到竣工为止,总共花费了六年时间和800万两费用。

定陵完成后,施政也没有发生变化。既然被评价为"天生的挥霍家",自然不单是陵墓的问题,对于现世俗事,万历帝也毫不逊色。爱妃之子福王的婚礼费用就达到了定额十倍的30万两,后宫的调度和衣装都不惜投入重金,既不会犹豫不决,更不会感到羞耻。

"矿税之祸"

这些支出原则上来自内廷费用,也就是皇帝的私房钱、天子的家用。但在中国历代王朝,天子家庭的"宫中"和皇帝办公的政府都在紫禁城内,内廷费用和政府财政往往相互融通,这是历代王朝的惯例。

于是,万历帝出于自身的奢侈,常常挪用公家财政充当私人的内廷费用,也就是说公私之间出现了争夺财源的现象。雪上加霜的是,紫禁城中皇极、中极、建极三殿发生火灾,进一步加速了财政的恶化。

手头不如意的万历帝又想出了新方案,能够不断想出方案,说明他头脑并不笨。为了确保收入，他又开始利用起作为仆人的宦官。当时的钱币就是白银，要把白银从全国范围内聚拢起来。

想要获得白银，最迅速的方法就是直接开采银矿，于是宦官们被派去矿山开采。这是大约万历二十年前后，即16世纪90年代的事情。

当然，他们并没有发现白银。正因为没有白银才需要从海外调度，由此才引发了"倭寇"。即便如此，忠于天子的宦官们也不能空手而回，他们假称发现了白银的矿脉，不仅强制当地的居民撤离，还抢夺他们的财物。

既然土地里没有白银，那就从百姓身上搜刮。拥有白银最多的应该是商人，于是万历帝又把宦官派往全国各地的都市和市场。这样以增加商税为目的的宦官派遣并非没有先例，这种宦官称为"税珰"。珰是宦官身上的一种装饰品，因此也是宦官的别称。商税的情况自然也和矿山一样，进行了疯狂的压榨。

以上统称为"矿税之祸"。虽说是"矿税"，但不是矿山的税金，而是"矿"和"税"，也就是"矿山"和"商税"所蒙受的灾祸。这是万历朝内部骚乱的代表性事件。

显露

"矿税"的宦官派遣是天子万历帝的授意，未必是明朝政府的正式政策。即便如此，民间社会依然作为政策执行，因而带来了灾祸。这不能单纯用昏君、暴君来解释，而是天子将天下"私有化"的体制原理，经由万历帝的个性终于暴露出来的现象。上意下达的权力执行与张居正的方法相通,主导者由强权的天子之师变成了天子忠实的仆人。宦官代替宰相重新登场,这又是固定模式的重复。

将"私有化"作为制度的正是明朝中央政府,"矿税之祸"只是如实反映这一政治过程的缩影。民间与政治政权的乖离和矛盾也越发显著,面对"矿税之祸"那样权力的肆意行使,民间不可能默不作声,各地都发生了反对宦官的暴动,称为"民变"。

如果只是民众发起变乱的意思,那么内乱也可以包含在内,实际上也确有这样的用法。但狭义上的"民变"是指当时频繁发生的都市暴动,拿现在比喻的话,就如同暴力的反政府游行。在经济最发达的苏州,民间因商税而引发的暴动最为著名,包含手工业者和商人的庶民阶层是核心,其中也有知识分子参加。

同一时期,江南农村也不断出现拒交佃租的现象,称为"抗租",这也是当时风潮的产物。都市也好,农村也好,庶民已经开始表达自己的主张,并且诉诸实力,不再甘心居于下位了,这是民间社会活跃化的反映。

如前所述,万历年间是"孕育丰稔文化的时代"。李卓吾登上舞台,我们平时称为"文学"和"小说"的文艺作品在中国真正开始发展,这都是民间社会力量活跃化的结果。这些力量与"私有化"政治共存,也是当时的特征。

在这样的社会形势下,万历帝对政治依然没有任何关心。四十八年的治世,特别是后半期几乎都在后宫里度过,完全是消极怠工的状态。由宦官主导的"矿税",直到他驾崩之前才在"遗诏"中予以废除。在位期间民意汹汹的批判和劝谏,都没有让他发生任何改变。

"明亡于万历"的命题其实来源于《明史》中"明之亡,实亡于神宗"的评价。从王朝兴亡史观的角度看,似乎也确实如此,但如果从构造着眼,当时的制度和体制在此前后并没有变化。可以说,旧有体制的矛盾以内外危机的形式呈现出来,特别是通过"神宗"的个性暴露无遗,这就是名为"万历"的时代。

万历年间"其实"已经灭亡的明朝,此后又延续了四分之一世纪。这一过程是名副其实的政权灭亡之路,体制矛盾也越发显露出来。

三、党　争

东林党

万历帝驾崩后,长子光宗泰昌帝继位,时值1620年。然而,泰昌帝之名几乎无人知晓,因为他在继位一个月后就去世了。比起父亲长达半世纪的统治,这样的对比实在过于鲜明。

后继者是其长子熹宗天启帝,继位时15岁,在位七年后早逝。然后是天启帝的弟弟,毅宗崇祯帝继位,在位十七年,没有子嗣,明朝在崇祯帝时期灭亡。

父亲几乎可以忽略,只要看兄弟两人的治世就够了。古今中外,愚兄贤弟是通例,就个人资质来说,天启和崇祯兄弟也是如此。但从实际政治过程来看,善贤恶愚是很难定论的。事实上,背上亡国

何谓明代

之君骂名的正是贤能的弟弟。天启帝十分愚昧，施政无疑很糟糕，但要说贤明的崇祯帝更好，事实也不那样单纯。

"明亡于万历"的命题，似乎也表现在后继者的问题上。总之，政治史上万历时期显露的问题，此后几乎都没有得到改善。局面已经难以收拾，只能进一步恶化。

图36　天启帝

至于愚兄贤弟的治世，那就是"明朝亡于党争"，这几乎成了一句套话。党争、党派、派阀之争在中国历史上，甚至古今中外都是人世间最普遍的现象，现代日本也丝毫没有不同。但由于时代和地区的个性，中国17世纪初期的党争有着独特的意味。

发起党争首先要有党派，当时的代表叫作"东林党"。16世纪末，一位

图37　崇祯帝

名叫顾宪成的中央官僚失势后回到故乡无锡，重建了东林书院，当时大获好评。东林书院本是宋代杨时所建的著名建筑，而以此为据点开展言论活动、拥护顾宪成的人们就被指责为"东林党"。

中国自古采用天子独裁的政体，侍奉君主的官僚原则上直接与君主相连，官僚间的横向联系，即结成党派、派阀会被视作蔑视天子的行为。因此，"党""朋党"这些词语都带有负面的语感和意象。

认为政党必然要从事政治活动的我们恐怕很难理解这些，总之

"东林党"就是反对派贴标签的蔑称,后世出于方便沿用了这一称呼。既然如此,当然不能忘记还存在反对派。

背景与经过

"书院"用现代话来说就是"私塾",是当时中国与家庭并列的主要教育机构,旨在培养科举合格的知识精英,考上以后也可出入书院增长学问。

科举考试的学习当然也在这里进行,但不管是否及格,考试结束后,书院就成了与考试学习无关的学术场地。

当时的学问主要盛行阳明学,反书本主义的"讲学"是主流。用现在的话来说就是讨论组、团体、沙龙之类,比起读书更主流的形式是讲演和讨论,书院正是提供活动的场所。

在此进行演讲和讨论的人士并不专属于某个书院,他们通常出入多个书院参加讲演,同时也在各地听讲,不觉间成了书院和讲学网络的一部分。

地方乡绅开始拥有势力的情况也与之相关。维持书院经营、参与讲学、创立书院网络的正是乡绅,他们的势力就是驱动网络的原动力。

学问和政治自古就是一体的,科举也是如此,书院讲学不论在朝在野都属于政治活动,其势力也会隐然对政界产生影响。比如嘉靖、隆庆两朝的大人物宰相徐阶,作为阳明学者十分著名,他以这样的势力为背景,一时间权倾朝野。

当时的东林书院就是这种网络的一大中心。书院的讲学,也就是讨论组和讲演议论中必然涉及当代政治,对政府的评价和对政策的批评都会有热烈探讨。这样的议论遍及书院网络,逐渐形成舆论势力,进而推动社会,也推动政治。

当时党争的开端是万历后期的宰相人事问题。反对"矿税"、拥护顾宪成的人物没有得到任用,因而引发了不满。下野的顾宪成等人抨击"奸臣专擅朝政",政权则责难其是"讽议朝政,裁量人物"的处士横议,将顾宪成等人污蔑为"东林党"。

魏忠贤

党争从万历末年持续到天启初年,双方互有胜败,而转变局面的依然是宦官的登场。

如前所述,天启帝是典型的昏君,此时必然会出现照顾天子起居、深得天子宠信的宦官。明朝几乎每个世纪都会有一位著名的宦官,比如15世纪英宗朝的王振、16世纪武宗朝的刘瑾,以及17世纪天启朝的魏忠贤。

魏忠贤掌握权力之前,即嘉靖、隆庆、万历初期,都是首辅专权。这是因为武宗正德帝时的宦官刘瑾专横无比,可以说是一种反弹。但首辅专权在张居正去世后崩溃,出现了跋扈的"税珰",结果中央政界再次出现了宦官专权。

这依然是政治的构造性框架没有改变。既然没有天子的领导,就需要他的替代物,那便由天子最亲近的人物来担任。就连家庭教师和仆人间的区别,也和之前一样。

宦官魏忠贤因天启帝的信任而发迹,党争的焦点继宰相人选后又有了新的题目，那就是"三案"。"案"是事件的意思，"三案"分别为"梃击案""红丸案""移宫案"三大事件，都是与万历帝继承人相关的怪异事件。

万历帝还在世的1615年，有可疑之人以杀害皇太子为目的，拿着棍棒潜入宫中，这就是"梃击案"。皇太子于1620年继位成为泰昌帝，后来因身体不佳服用了红色的药丸，不久去世，这就是"红丸案"。泰昌帝的继承人是天启帝，围绕养育他的女官是否移去别宫的骚动就是"移宫案"。

这三大事件都没有得到明快的解决，变成了政争的靶子。皇太子杀害未遂也好，天子被毒害也好，抚养天子的女官插手政治也好，这些确实称得上大事件，因此东林党和非东林党都以死相争。

此时乘虚而入的就是魏忠贤。东林党曾批判他的权势，魏忠贤出于报复联合了非东林党人。他借着天子的威望，利用围绕"三案"不断升级的党争，将东林党人的意见全盘否定。"三案"解决的同时，东林党人士及一系列书院也都遭到了镇压。就这样，党争以东林党的完败告终。

魏忠贤解决了动摇朝廷的疑难事件，被视为不世出的英雄，他成了仅次于"万岁"天子的人物，号称"九千岁"。各地纷纷建起了魏忠贤的生祠，生前就已经香火不断，其身份尊贵可见一斑。

本质

在今天的我们看来，"九千岁"和"生祠"都早已脱离了常轨。然而，当事者们却是十分当真的，能够引发如此怪异事件和事态的社会政治,就是当时的中国。事实上,经济也已经发展到了无法以常识理解的地步,但如果考虑到政治也是如此,那就姑且能够接受了。

东林党批判宦官魏忠贤的专横,意图复活以内阁大学士为首的官僚士大夫的权威和领导,但他们几乎都回天乏术地遭到了镇压。这既是因为天启帝对魏忠贤的信任,同时也是官僚们看到宦官得势而溃不成军的结果,总之是敌不过宦官一派的"阉党"。

表达宦官的汉语其实很多,这也是宦官深入根植中国文化的证明。由于日本不存在宦官,这对于日本人只是难懂的汉字,前面的"太监"和谈及"矿税"时的"珰"都是如此。但更加常见的,还是使用"阉"这个汉字。

虽然"东林党"也是蔑称,但"阉党"的侮辱性更高。乍看之下以为成员都是宦官,其实并非如此,"阉党"的大部分是臣服于魏忠贤的士大夫官僚。通过把对手贬低为攀附刑余之人的浊流,也就给自己贴上了清流、正义派的标签。

标榜清流和正义派,在强权镇压下败退的东林党当然感慨悲壮,为了党争获胜而对天子阿谀谄媚的"阉党"也没有值得赞美的行径。但是,两者党争的目的是什么?又有什么必须争论的问题呢?

比如魏忠贤完胜的"三案",虽然都是关乎天子的大事,但终究只是天子家里的纠纷,与关系天下国家和社会生活的政治没有任何关联。此前的党争也不例外,争论点基本都是阁僚的人选,极端而言就是权力之争。

在我们看来,这就叫作"政治不在"。在当时的情况下,政府中已经不存在政治了。但在当时的士大夫官僚看来,这无疑就是政治。他们眼中的政治,就是宫廷礼仪的是非和发生事件的结果。他们只关心这样的事情，把这些事作为政治的议题。

在中国历史上，党争最激烈的就是宋代和明代。宋代的党争是新法党和旧法党之争，新法和旧法此后毫无疑问堕落为权力斗争和单纯的政局，但其争论点仍然围绕着社会变革的是非和改革政策的可否，至少也是高举着这样的旗帜。在这一点上，同为党争的宋代和明代有着云泥之别。这终究是时代的变化，也是时隔五百年后政治社会构造变迁的结果。

四、终 焉

崇祯

"九千岁"魏忠贤的庇护者终究还是"万岁"天启帝，所以天启帝难逃昏庸的责难。这位暗弱的昏君在位七年后去世，因为没有嗣子，继承人是他的弟弟崇祯帝。魏忠贤的时代也就到此为止了。

崇祯帝确实是贤弟，他仿佛注视着愚兄的作为一般，继位之初就迫使魏忠贤自杀。天下士大夫都为这一决断拍手称好，欢欣鼓舞地迎接新上任的天子。

否定"首辅"、宦官取而代之是在天启朝，那么在否定宦官的崇祯朝，是否就是"首辅"和内阁大学士的天下呢？

这里介绍一则史料，是对内阁大学士的弹劾，出自礼科给事中倪仁祯之手。他弹劾内阁大学士谢升曾在不经意间说出："皇上惟自用聪明，察察为务，天下俱坏。"也就是说，位极人臣的大学士竟然将罪责归结于天子,真是荒谬至极(《崇祯实录》卷一五,崇祯十五年四月戊子)。时值崇祯十五年,公元1642年,明朝的末日已经逼近。

当然,谢升遭到了左迁,但发言是否有误则是另一个问题。"自用聪明,察察为务",这着实是反映崇祯帝面貌的生动评价。

总之,崇祯帝这个人特别聪明,什么都能感觉到,所以对犯错的官员和偷懒的臣下无法容忍。他过于看重别人的失败和过错,而且从来不给予原谅。

如果不信任宫中的宦官,就要依靠政府里的大学士。但崇祯帝认为内阁大学士都是无能的,于是接连抛弃,当时的谚语称"崇祯五十宰相"。最初逼迫魏忠贤自杀,任用宰相(大学士)后又觉得他们无能,前前后后更换了五十个人。崇祯帝就是这样不信任臣下,但他身边只有如此平庸的人才也是事实。

于是,崇祯帝只能孤军奋战了,因此也不可能拿出成绩。所有责任和权力都集中于天子,"私有化"的明朝体制已经濒临极限,这是崇祯帝一己之力所难以应对的局面。

绝望

再让别人来说说当时的情况。有一位叫刘宗周的东林党知识分子,他也是后面登场的硕学黄宗羲的老师。之前遭到魏忠贤打压,崇祯帝即位后重新任官。

崇祯初年,刘宗周在"危急存亡之日"上言道:"舍天下士大夫,终不可与共安危。"即明朝已经处在危机之中,如果不能和天下士大夫一起坚持下去就毫无办法了。他还说道,要像亲近宦官一样信任官僚，像重视武官一样尊重文臣，只有这样天下才会太平。这很像东林党人的口吻，也提到了信任宦官还是士大夫的问题。

对于这个问题，明朝皇帝给出的答案是，宦官和士大夫都是坏的，只能适时登用稍好的一方。因此，崇祯帝舍弃了宦官魏忠贤。但这不是刘宗周所期待的答案，"崇祯五十宰相"以后，他还是任用了自己亲近的宦官。因为换了五十个宰相都不管用，所以只能信任宦官，这就是"聪明"的崇祯帝的结论。

刘宗周说"危急存亡之日"，后来谢升称"天下俱坏"，其实崇祯朝的记录里有很多类似的表述。民变的规模不断扩大，女真等外族日益兴起，谁都能够看出"危机"正在逼近。但是没有办法，并没有行之有效的组织和态势。虽然人事调动频繁，但面对恶化的事态只能袖手旁观，这真是一个令人绝望的时代！

死胡同

"聪明"的崇祯帝当然不会没有察觉到这种绝望。《明儒学案》的作者黄宗羲是刘宗周的弟子，在他的名著中记载了刘宗周和崇祯帝的对话。

崇祯帝迎面就问，"国家败坏已极"，明朝已是危急存亡之际，要怎么办才好？询问之后又准备处罚官员。刘宗周回答道："当敕下法司定之，遽置诏狱，终于国体有伤。"

崇祯帝气愤地说："朕处一二言官，如何遂伤国体？"

处罚犯错的人有什么不可以？这是崇祯帝的立场。"聪明"的天子无法忍受官僚资质低下，但暗弱无能的天子只会放任宦官，这正是明朝政治的循环。

最后崇祯帝仗着"聪明"对刘宗周说："如此偏党，岂堪宪职？"这就是崇祯式的裁决。如果不断换人能提升业绩那也可以，但结果终究令人失望。当这种天子的臣下，实在不是好事。

尽管如此，这里并没有为刘宗周辩护的意思。他在思想上确实是优秀的学者，发言也是正论，但在多大程度上符合现实，对当时的士大夫和官僚又有多少作用，就是另一个问题了。在天子看来，这些全都是空论。

当明朝面临"存亡"之时，君臣间的对话仍在重复，宛如走进了死胡同。将这样的窘境放入整体中定位，对于理解当时是必不可少的。

在此重新与党争激烈的宋代做个对比。时值11世纪，北宋神宗皇帝与王安石一同推行新法，老臣文彦博进言道："天子为与士大夫治天下，非与百姓治天下也。"神宗则回答道："不然，百姓称便亦是善政。"（《续资治通鉴长编》卷二二一，熙宁四年三月戊子）[1]

事实上，这样的认识差异转变成了党争，与"士大夫"共治天下的语意也和刘宗周的口吻没有差别。

宋、明两朝何其相似，但也有着决定性的差异，那就是对待"百姓"的态度。宋代无论对新法赞同与否，社会和民生都是他们关心的问题，但明代恐怕不是这样。崇祯帝自不待言，谏言的刘宗周眼

---

[1] 此处与《续资治通鉴长编》记载出入较大，原文中没有宋神宗的这句回答，应该是作者的总结。原文如下："上曰：'更张法制，于士大夫诚多不悦，然于百姓何所不便？'彦博曰：'为与士大夫治天下，非与百姓治天下也。'上曰：'士大夫岂尽以更张为非，亦自有以为当更张者。'"

中也没有反映民间社会，至少在逻辑上未能和政策相联系，因此没有留下只言片语。

面对"国家败坏"，北京政治所遗弃的社会将会走向何方？放弃民间的政权又将迎来怎样的命运？终于来到了最后的时刻。

第 13 章

继 承 者

一、反抗的时代

末路

如前章所说,明朝通常被认为亡于党争。具体来说是东林党和"阉党"之争,笼统来说是正论派和实权派(宦官派)之争。因此,明末政治史大致就是党争的历史,对此已经积累了丰富的研究成果。

这样的论点没有太大问题。宫中的礼仪、府中的人事等,基本都与民间社会没有关系,因此是很"无趣"的。但是,并非一切都能置之不理。党争和党派的生成存在,本身也是当时中国政治和社会构造的反映,前章已经谈到了大致的经过。

党争在进入崇祯年间后,也就是17世纪20年代末一度终结。继位的崇祯帝处置了魏忠贤,试图结束党争。作为个人,新皇帝是果断而有力的。

但是,混乱没有因此结束。亲信的宦官也好,正义派官僚的士大夫也好,都得不到天子的信任,踟躇逡巡之间党争再起,而且是以更复杂离奇的形式呈现出来。非常遗憾，政治体制的混乱已经无法以天子个人的力量收拾残局了。

前章介绍了崇祯帝和刘宗周的对话，反映出当时的政治情况和相关构造。官僚和士大夫认为，天子必须信任自己，否则就无法施行政治。但从天子的角度来说，士大夫的资质、能力和性情都不值得信赖。这是一百年前武宗正德帝就已经揭示的问题，可以说是历史的循环。不得不发生循环，就说明是构造上的问题。

前章通过和宋代的对比，揭示了明朝早已无法掌控社会。皇帝打压宦官却不信任官僚，只能沦为孤家寡人。崇祯本人就经常吐露这样的心声，而且不仅仅是在言论上。事实上，明朝的末日也是崇祯帝的末日。

众所周知，崇祯帝是明朝最后的皇帝。虽然这并不意味着明朝政权亡于崇祯帝之手，但作为史实，明朝的终结就是崇祯帝自缢。穷途末路的明朝最终只剩下皇帝一个人，可以说这就是"私有化"体制最本质的反映。

反权威

灭亡明朝的是所谓"流贼"。因为发展成推翻王朝政权的大乱，所以这样称呼。同样反抗体制和权力的民间暴动已经发生不少，但在规模、内容、经过、性质上各有不同，所以记录上也有所区别，大多如上文所说称作"民变"，本质上没有太大差别。

前者的"流贼"是指李自成掀起的内乱，他原本是陕西的驿卒。现在也有称为"驿传"的竞技，其实是长距离的接力赛跑，"驿"就是连接异地的官方交通设施,特别是提供运输公用物资和官员赴任时的住宿,在驿站工作的人夫就是驿卒。在内陆边地的陕西,很多驿卒因为当时的财政困难而失业,于是掀起了反抗当局的暴动,这就是"流贼"的开端。

同一时期,所谓"民变"也在各地发生。16世纪末到17世纪初的对外危机,也就是"北虏南倭",广义上也可以包含在内。总之,从对外关系到内政,都有民间反权力、反体制的动向,并且是极为强烈的时代。

图38 李自成

不只是民间,统治层和士大夫的姿态以及学术、思想等都是相通的。王守仁的阳明学也是发源于对朱子学既有权威的质疑,阳明学左派中甚至出现了反抗孔子权威的李卓吾那样的人物。

从规范性体制来看,宦官跋扈和党派斗争的政治状况也是极不寻常的事态。天子自身更是如此,不必说脱离常轨的武宗正德帝和神宗万历帝,明朝的历代皇帝几乎都不例外。

明代特别是明末,在中国历代中都占据特殊的地位。社会各方面都能看到反抗体制和权威的动向,这是时代的特质。虽说那是极为自由放达的时代,但也容易发展成无序和混沌的局面。明朝灭亡就是它们的归宿。

"民变"的定位

普通的知识分子也对政要权威刀兵相向,这是当时的显著特征。

尽管也可以说成处士横议，但并不只是如此。在知识分子作为乡绅夸耀权势的地域社会中，庶民也在反抗着乡绅。

上有官僚层面的内斗，下有地域社会的对立，上下争斗不断重演的"明末清初"着实是一个动乱的时代。此后虽有消长，但这样的动向从未断绝过，形成了汉人世界中国史的基调。

其中著名的就是1626年苏州发生的"民变"，也称为"开读之变"。连当局都站在了暴动者一边，首倡者被视作讲谈和戏剧中的英雄。因为非常著名，留下了很多史料和研究，在此已经没有必要讲述具体的经过了。

不过需要提及的是，"开读之变"为什么有名，又为何能够迎来戏剧性的结局。简而言之，苏州是当时经济和文化的中心都市，民变是在众人环视下发生的。现在的日本也是如此，发生在东京或大阪的事件就会大加报道，进行各种各样的评论。从事件中也能看出当时舆论的存在，必然给后世留下许多史料。

面对像苏州"开读之变"那样大都市的"民变"和暴动，地方当局和中央政府都会及时反应，尽快引导事件的解决。但对于农村失业者掀起的暴动，当局和政权就未必如此了，或是在不知不觉中收场，或是越闹越大，结果是两极分化的。

陕西驿卒李自成等人属于后者，在他们演变成推翻明朝的"流贼"之前，政府都是采取放任自流的政策。李自成等人能够留名后世，恰恰说明在当时是不为世人所知的存在。

西部的位置

陕西省位于内地。明代生产力上升,经济发展,人口也在增长。这里需要留意的是,人口的增长动态出现了中国历史上从未有过的局面。

历史上的中国经济大致分为南北,因为北方黄河流域和南方长江流域的气候和生态系统都不相同,这已经不需要详细说明了。随着南方江南的开发,当地人口也呈现不断上升的趋势,但只从南北来考虑问题是明代以前的事,此时出现了转变的迹象。

明代南方经济发达,人口也多,这一点和前代相同。但从大致的人口比例来看,南北间不如说是平准化的趋势,与前代有所不同。

这是为什么呢? 因为明代的人口分布不再是南北移动和变化,而是呈现出其他的对比。

如图39所示,人口增长而稠密的是经济发达的东部沿海地区。

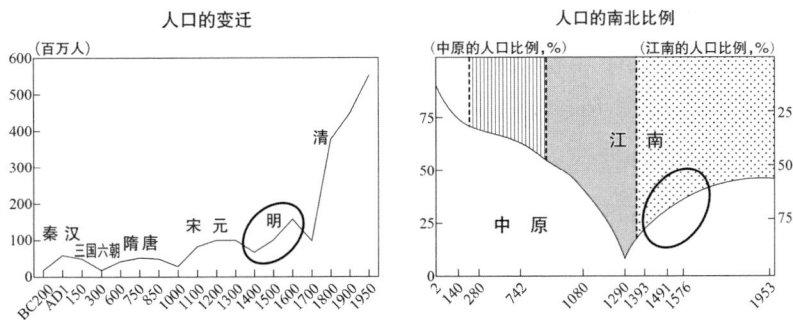

图39 中国的人口变迁、南北比例

出处:冈本编2013。

包括上述地域分工在内，各地的特质和作用极不相同，因此与西部内陆有着巨大的差距。南北的平准化，正是意味着东西差距的拉大。明清以后的中国经济，呈现出从先进的东部沿海向落后的西部内陆过渡的趋势。

无论是发生在东方大都市苏州的事件，在众人注视之下试图收拾局面，还是出现在经济落后地区陕西的骚乱，却没有引起任何人的关注，这些本身就是差距扩大趋势和构造的产物。西部不稳定的动向缺乏有效应对，逐渐形成了星火燎原之势。

从当时的社会背景来看，"流贼"并非只有李自成。反抗既有权力是全国可见的动向，"民变"也是如此，甚至还可以反映为党争。

因此，这是全国同时出现的现象。然而，西部内陆的"民变"在不知不觉间扩大成了内乱，成为17世纪规模最大的骚动，最终结束了明朝的生命。

尽管如此，政权对于"流贼"的无力感依然令人咋舌。李自成以陕西为根据地，举兵后迅速攻陷北京，崇祯帝自缢，明朝灭亡。即便再怎么不了解农民，这样的结局也太过草率了。

不过从全国的形势来看，明朝政府也有情有可原的地方。当时确实存在无法专心应对西部农民骚乱的理由，那就是东方的风云变幻。

二、明清交替

东北的地位

明朝将世界分为中和外,扩充成两个字就是"中华"和"外夷"。这不只是在观念上,物理层面也是如此,长城和海禁就是典型,连两者无法触及的地方也不例外。那就是长城的东北方,因位于辽河以东而称为"辽东"。那里用土垒和围挡构筑"边墙",等同于建造了城墙。

南方的汉人进入当地开垦,从事农耕活动,形成了辽阳、沈阳等都市,同时构筑了宁远这样坚固的要塞。其中的沈阳此后也保持着重要的地位,现在是该地区的中心城市。

越过"边墙"来到东北,基本就是森林地带。曾经日本称为"满洲",建立起伪满洲国的地区,无论当时还是现在都是大平原,都市以外就是一望无际的农田。但从前并不是这样,它和临近的西伯利亚一样都是森林地带。

大约以辽河为界,往西森林逐渐变成草原。由于自然环境不同,居民的习俗也有东西差异。西侧是草原游牧民族居住的蒙古人的地盘,东侧的人则称为"女真",也写成"女直",后来他们把自己的称呼从女真改成了"满洲"。

森林地区无法发展畜牧,因此女真族在农耕之外,还以狩猎为生。狩猎无法单独进行,需要集团性的合作,猎物有貂、黄鼠狼、水貂等，主要获取它们的毛皮。除了自给自足之外，当然也有买卖。其中之一就是朝鲜半岛附近特产的高丽人参，这也是商品作物。

女真以交易毛皮和高丽人参维持着生活。伴随16世纪出现的商业热潮，女真多半也不例外，借着热潮开始了商业化。

努尔哈赤的崛起

但是比女真更有优势，瞄准商机的是女真南方、住在"边墙"另一侧的汉人。通过与女真交易而富足的汉人，恐怕不在少数。

其中的代表就是李成梁，他生于辽东，据说是朝鲜人的后裔。就像郑成功作为与日本人的混血，是"倭寇""南倭"的继承者一样，李成梁也是东北非汉人的后代，或许可以视作"北虏"的后裔、女真人的祖先。总之，他以"边墙"为界，南方掌握着汉人的社会，北方对女真镇抚怀柔，一手主导着跨越南北的交易，势力不断壮大。

就这样，汉人和女真人跨越"边墙"往来并逐渐一体化，"华夷同体"的现象也在辽东北部出现。军阀李成梁的同伴是居住在汉地附近的女真，汉语称为"建州女真"。在被称为"满洲五部"的部族集团，担任其领导者的就是努尔哈赤。

努尔哈赤在16世纪80年代起兵统合自己的部族，并与李成梁合作，隔着"边墙"形成了相互依靠的关系。努尔哈赤凭借着与汉人的联系，不断扩大对其他女真部族的影响力。

但是，在李成梁受到弹劾倒台后，努尔哈赤也和明朝进入了敌对状态。1616年，努尔哈赤自立，成为满语中指称君主的"汗"，年号"天命"，建立国号"爱新"。"爱新"就是"金"的满语，汉语中称为"后金",因为 12—13 世纪时女真族也曾建立名为"金"的王朝。

努尔哈赤与明朝对立后,出现了和他保持距离或者敌对的部族。因此必须首先与明朝一决雌雄,那就是萨尔浒之战。打败明朝和朝鲜联军的后金不仅确立了对其他女真部族的主导权,还越过"边墙"向汉地扩张势力。

此前的"华夷同体"是汉人军阀李成梁和女真势力在彼此分隔基础上形成的一体关系,此后混杂多个种族的辽东世界融入了努尔哈赤的独立势力之中。可以说,这是从单纯作为"状况"的"华夷同体",走向了华(汉人)和夷(女真)的"复合国家"。

走向"大清国"

16 世纪,海岸线和长城边境的"北虏南倭"长期持续。当时,局部的"华夷同体",即汉人和夷人的"一体化"正在进行。正如"国际人""边境人"等名称所反映的,国籍不明或多重国籍的团体生活在边境线上。

不过,即便产生这样的团体,他们本身并没有军事实力和政治势力。即便拥有反抗明朝的武装集团,也无法与明朝政权本身抗衡,这样的存在其实就是满洲爱新国的开端。这些势力之所以在 17 世纪形成,当然受到了努尔哈赤及其集团个性和能力的影响,但也不能不考虑到"万历三大征"和民变、内乱等同时代的背景与潮流。

努尔哈赤是常胜将军,起兵之初只有一百人左右,四十年间不断征战。进入 17 世纪后,努尔哈赤越过"边墙"统治汉人,持续西进到达宁远。宁远即"宁靖远人(野蛮人)"的意思,是辽东地区的要塞,也是明朝最后的防御据点,因此时常配备统帅大军的名将。当时驻扎此地的是袁崇焕,1626年,他让努尔哈赤品尝到平生第一次,也是最后一次败绩。努尔哈赤在战败中负伤,不久就去世了。

后继者皇太极是努尔哈赤之子,他既不是努尔哈赤般出色的军事家,也不是优秀的领导者。皇太极被众多兄弟和对手包围,一边苦心孤诣地确保主导权,一边继续对外扩张。

皇太极的事业获得飞跃性发展,是在压制了蒙古最强大的察哈尔部落之后。察哈尔是成吉思汗的后裔,因而有资格君临蒙古。除了察哈尔,皇太极还和科尔沁等蒙古名族联姻,基本实现了一体化。加上辽东南部皇太极统治下的汉人,实现了满、蒙、汉三族的统合。

这是皇太极最大的事业,他在满、蒙、汉三族的拥戴下,从单纯的满洲之汗转变为范围更广的君主。于是,年号和国号都发生了改变。新的国名是"大清国",很像蒙古帝国忽必烈的"大元国"。

"国"在蒙古语中称为"乌鲁斯",满语里则是"固伦"。这当然不是我们印象中的"国家",而是相当于人们的集团组织。"大清国"是满洲人、蒙古人和汉人各自归属的统治机构,其君主也有着相应的资格和头衔。在蒙古是大汗,在满洲是汗,汉语则称为"皇帝"。

交替的意义

明朝的君主号当然是汉语的"皇帝",等同于上天授予天命的天子,这是中国自古以来的政治理论。天无二日,天命只有一个,受命的天子皇帝也只能是一个人。然而,大清国的皇太极是和明朝一样的皇帝,明朝无法承认这样的存在。

明和清成了不共戴天的仇敌,既然两国已经进入战争状态,明朝也开始在东方驻扎大规模的军队。

统帅大军的就是袁崇焕,他出色地完成任务,打败了努尔哈赤。然而,崇祯帝听信谗言,又处死了袁崇焕。如前文所说,崇祯帝此人带有绝不容忍贪污和失败的洁癖,聪明果断的同时又有点歇斯底里。明朝的防卫力由此大为衰退,但清朝依然无法突破长城和山海关,明清形成了对峙。

由于军队都集中在东方边境,对西部的内乱自然应对不足。在手足无措之际,"流贼"不断强大,而且变得不再流动了。

1644年,李自成在西安即皇帝位,国号"大顺",同时向北京进军。北京几乎没有军队,朝廷百官都束手无策唯有投降,只剩下崇祯帝一个人,在宦官陪同下自缢于紫禁城后的景山之上,这就是明朝的末日。

此后的形势令人眼花缭乱,李自成进入无主的北京紫禁城后,背弃崇祯帝的官僚和宦官纷纷表示臣服。然而好景不长,东方的清朝军队突破了山海关。北京陷落后,防卫山海关的明军遭到叛乱军和外敌的夹击,最终投降了清朝。李自成被驱逐出北京,清朝迁都于此,成了明朝的继承者。由于是进入山海关的内侧,这个过程称为"入关"。

以上就是"明清交替"的经过,从后世的历史观点而言,细微而具体的史实经过不必过于看重,重要的是大势推移背后的历史意义。

明朝的国策是"华夷殊别",华和夷是被分隔的,而清朝正是作为它的反题出现,堪称"北虏南倭"的东北版、"华夷同体"的政权化。因此,在政权的理念、社会的统合、秩序的形成等领域,明朝与清朝也是完全相反的。如此看来,所谓"明末清初""明清交替"等概念并不是单纯的王朝政权交替，也是体制原理的转换。

三、世界与中国

黄宗羲

那么，当时的世界趋势是怎样的呢？从大航海时代的进展、世界经济的胎动，以及深刻关联东亚全境的经济发展来看，清朝的体制无疑是顺应时代潮流的。

图40　黄宗羲

反过来说，"明末清初"，即明朝灭亡和清朝建立的事态也是时代发展的必然。清朝是明朝的继承者，把它看作从"明末清初"以前发轫、发展的世界趋势在东亚的具体表现，应该是没有疑问的。那么，对于清朝所继承的时代状况，有必要做些具体的探讨。

作为本章的结尾，我们不妨倾听见证时代转变，并且留下文字记录的黄宗羲与顾炎武的声音。前文已多次提到，如果中国学术史中有必须提到的人物，他们就是无人不知的学者。

从当时的学统来说，黄宗羲是前章登场的刘宗周的门徒，继承阳明学流派。其出身也是"浙东",临近浙江省宁波,和王阳明可以说是同乡。也因为如此,他成为后来继承王阳明学统的"浙东史学"的创始人。包括前面介绍的《明儒学案》在内,他留下了许多著述。从这些情况就能看出,他是一个不寻常的知识分子。

黄宗羲最有名的政论是《明夷待访录》,一度被视为带有危险思想的书。或许也因为如此,文本的保存状态不佳,读起来非常困难,但依然能知道他想表达什么。

我们来简单介绍《明夷待访录》开头的两篇文章。标题分别是"原君""原臣",也就是"何谓君主""何谓臣下"的意思。总之是从原点考察当代的政治,我们来依次介绍结论。

黄宗羲没有直接指名明朝,因为汉语的文章往往讲究体面。但明朝的政治体制是背负此前的皇帝体制产生的,黄宗羲本人也生活在明代,是当时反体制结社"复社"中的一员。不难想象,他的笔尖就是指向灭亡了的明朝,试图探究它灭亡的原因。

"何谓君主"

从古至今的中国君主到底是怎样的存在?《明夷待访录》断言,他们都是认定"天下利害之权皆出于我"的人,也就是把天下私有化的家伙。本书所使用的"私有化"概念,也正是援引了黄宗羲的观点。

"天下之利"都是自己的,"天下之害"全都推给别人,把自己的私事偷换成"天下大公","视天下为莫大之产业,传之子孙,受享无穷"。黄宗羲断定,这就是天子,这就是王朝政权。

因为是私有和独占,一旦失去就会一无所有。崇祯帝在杀害自己的女儿时曾感叹"若何为生我家",最后不得不孤独自缢。这样的君王,本来就是不需要的。所谓君主,应当为"天下万民"而努力,这就是黄宗羲的结论。

其次在"何谓臣下"中,作者讲到如果只会谄媚君主,和君主的用人宦官相互勾结,就算不得臣下;臣下必须是在君主做错事时可以加以斥责的存在。在此基础上黄宗羲断言,为了私利私欲,为了天子而"奔走服役"之人如同仆人和婢女一样,那就是当代官僚的写照。既然和仆人婢女没什么两样,遭到君王戏弄、不受君王信任,也是理所当然的。

总之,大臣和宦官都沦为皇帝私有之物的明朝政权,就是将"天下私有"组织化、制度化、体制化的典型,必须将中国的皇帝体制、独裁体制、专制政治体制全部加以否定。

大约三百年后,在推翻君主制和帝制的中国革命时代,黄宗羲也因此再度复活并受到尊崇。《明夷待访录》中的《原君》和《原臣》是对君主制、帝制的批判,黄宗羲本人也被誉为"中国的卢梭"(岛田1965)。

"卢梭"的比喻生动易懂,但那只是后世对黄宗羲的运用而已。黄宗羲本身是在明朝政治体制的漩涡中,思考着中国政治的原理。

既然王朝权力是天子将天下"私有化"的组织体系,那么与私有化天下和政权不同的社会是怎样的呢? 回答这一问题的是黄宗羲的同时代人,也是另一位硕学顾炎武。

顾炎武

顾炎武甚至比黄宗羲更加有名,他是"浙西"苏州人,生活在当时中国的经济中心，因此创立了最领先的学问，是当代学术的代表。

明代的学术和思想以阳明学为代表，有着庶民化和实用化的一面。那就是反书本主义，以讲学为中心，将自身的想法和心情转换为议论和逻辑的过程。于是以李卓吾为典型，出现了激进的言论。另一方面，被称为"心学"的阳明学容易陷入头脑中和口头上的空想空论，后来因其空疏被指责为"心学"弊害，也不是毫无道理。

除此之外，日常实用的学问也是阳明学等明朝学术的思潮，从中衍生出经世和

图41　顾炎武

致用的想法。既然要对世间有用，就必须切合实际，于是产生了不同于阳明学的倾向，站在最前线的就是顾炎武。

实用和经世必须以现实作为依据，因此首先需要证明现实是什么样的。这正是阳明学中产生的潮流，其集大成者就是建立"汉学"的顾炎武。

"汉学"的意思就是追溯到儒家源流形成的汉王朝，探究古典形成的证据，一般也称为"考据学"。经书在漫长的传抄过程中，其文本和真意常常遭到误解和扭曲，汉学的目的就是重读经典，正确理解圣贤的教义，从而起到经世的作用。

顾炎武的代表作称为《日知录》，是一本由多篇不同题目的论文组成的随笔，也是独步古今的名著。学习中国学和东洋史的人都要读这本书，其中的必读篇目是题为"乡亭之职"（卷八）的文章。

这可以说也是汉学的一环，"乡"和"亭"都是汉王朝设立的地域

自治区划，"乡亭之职"指其中的工作人员，全文是回顾这段历史的论考。"乡官"这一名词即"乡亭之职"的别称，因此不只是对过去的探究，也是以此为铺垫理解眼前局势的著述。

"匹夫有责"

顾炎武在这一篇的结尾写道："小官多者其世盛，大官多者其世衰。""小官"就是地位很低的官员，代指人数相对较多、能够与庶民接触的官僚，这样的"小官"多就是治世。"大官"是指地位很高的官僚，他们蔑视下层人民，这样的政权是不行的。这还算是比较含蓄的政治理论。

汉王朝时代"乡亭之职"的地方"小官"很多，因而世间得到了较好的治理，那么当代的明朝又如何呢？

到了明朝末期，管辖如日本般规模的一省范围、拥有重大权限的"巡抚""总督"相继设立，那就是"大官"。可以说，蒙古帝国到明朝初期就已存在、一度被明太祖废止的"行省"制度又重新复活了。

关于制度的推移，顾炎武这样说道：

> 洪武重巡检，多有设立。自弘治废，不及曩时之半。巡检裁则总督添矣。[1]

---

[1] 此处与原文有些出入，作者进行了语句调整。原文为："巡检，即古之游徼也。洪武中尤重之，而特赐之敕，又定为考课之法。……自宏(弘)治以来，多行裁革，所存不及曩时之半。巡检裁则总督添矣，何者？巡检遏于未萌，总督治之于已乱。"

"巡检"是地方基层的僚属,相当于古代的"乡亭之职""小官",这一职务容易让人联想起现代的警察局。然而从弘治年间,也就是15世纪后期设置开始减少,取而代之的是"大官",这与白银流通普及的时间是一致的。

换言之,中央权力最初试图与庶民社会直接相连,但终究未能掌握民间,只能在各地设置"大官",结果就是"巡检遏于未萌,总督治之于已乱"。

又换言之,政治和政府不过是在事件发生之后才知道去应对的存在,此前都是拱手观望。权力无法掌握民间,政府不断脱离社会。所谓政治,只有天子的家事礼仪和官吏人事才能进入他们的视野。

因此,顾炎武的政治政府论和黄宗羲是同义的。天子将天下私有化,臣下只是他的私有物,因而不用考虑民间社会的休戚。顾炎武的《乡亭之职》重新审视了制度和社会,提出社会和政治必须更有机地结合起来。

顾炎武与黄宗羲一样,有一句直到20世纪依然脍炙人口的名言:天下兴亡,匹夫有责。翻译过来就是:天下的兴亡不同于王朝的兴亡,王朝的兴亡只是君臣的问题,但天下的兴亡是所有人的兴亡,即便是卑贱的匹夫也有责任。(《日知录》卷一三"正始")

这里的"匹夫"是指没有官位的人,直接而言就是顾炎武等士大夫和知识分子,但也可以包括他们所领导的庶民。"君臣"的王朝政府无法把握社会,政权不干预民间,放任政治,文明本身支离破碎。这是对明代末年社会形势和政权构造的猛烈批判,同时也提出了政治和社会应该一体化的建议。

但是在这些提议中,他们本身并没能给出有效的回答,于是出现了"不能发现'国民'"等评论(井上 1994)。这些课题在今后的中国能够得到解答吗?

后世

明朝诞生于 14 世纪后期。14 世纪是全球规模气候寒冷、经济萧条、人口锐减的时代,在世界史上呈现出"危机"的局面。明朝正是"危机"的产物。

明朝亡于 17 世纪中期。17 世纪在世界史上也是堪称"危机"的时代,作为 16 世纪大航海时代、商业热潮和繁荣的反动,17 世纪陷入了萧条,加上白银产量低下、气候变动等打击,事态进一步恶化。

这样的打击在欧洲最为明显。17 世纪的欧洲尤其悲惨,也是三十年战争[1]和猎巫[2]的时代。甚至可以说,正是为了克服"17 世纪危机"而生存下去,欧洲才不得不兴起工业革命,创造出了"近代"。

从这样的观点来看,与西方"危机"同时代的中国和亚洲,正是内忧外患、多灾多难的"明末清初"时代。从地方事件来看,比如张献

---

[1] 三十年战争:1618—1648 年由德意志内战演变成的大规模国际战争,是欧洲各国争夺利益、树立霸权的矛盾以及宗教纠纷激化的结果,最后以哈布斯堡王朝战败并签订《威斯特伐利亚和约》而告结束。

[2] 猎巫:指 15 世纪末至 17 世纪,宗教和世俗司法机关大力缉捕所谓巫师,用不合理的秘密审讯、证据法则和严刑峻法,轻易地将人治罪。这场恐怖运动尤以女性为最大受害者,数千名无辜女性被判定为女巫而处以火刑。

忠等人作为"流贼"李自成的同伙,同样转战各地胡作非为,最后在四川进行了多次屠杀。当局对此没有任何有效的对策,结果四川成了人烟绝迹之处。

四川的荒废,当然不只是张献忠杀戮的结果,但此后人口稀少,经过很长时间才依靠新移民完成了社会重建也是事实。即便不是如此,当时中国各地不同程度地发生了类似的悲剧,经济也陷入巨大的萧条。

如此看来,17世纪在"危机"这一点上也是东西同步的时代。三百年前在"危机"中诞生的明朝,又在新的"危机"中灭亡了。正如顾炎武将"明清交替"感叹为"亡天下""神州陆沉",这不单是王朝政权的毁灭。一种体制走向崩溃的同时,新的体制也正在胎动。

如果对17世纪的东亚全境做这样的概观,"危机"可以说是承接大航海时代、"北虏南倭"而诞生的新体制的阵痛。明朝的华夷秩序和中华独尊的旧体制已经难以适用,这是无法回避的事态。

日本列岛作为"南倭",其经济和军事力获得了飞跃性的发展,最终出兵朝鲜半岛与明军交战;"北虏"的蒙古、满洲与明朝对峙互不相让。不仅日本列岛,各种各样的势力、集团和地域都以割据的形态开始抬头。

不只是海外,要说分裂,中国国内政府与民间是悬隔的。明太祖为直接统治社会而设立的体制出现破绽,民间不再信任政权,两者不断乖离。无论白银的货币化使用、乡绅势力的发展,还是"大官"的增长,都是从中产生的结果。

唯我独尊的明朝体制几乎不以对外交流和交往作为前提,由这样的政权直接掌握民间社会早已不合时宜。那么,作为反对该体制而诞生的势力,即无意中继承明朝的清朝,面对"危机"这一世界史规模的课题,面对黄宗羲、顾炎武所慨叹的日渐乖离的政治与社会,又将做出怎样的应对呢?

不只是清朝,以后历史的主旋律都在于此,直到现代世界仍在产生影响。

结语——兼文献解题

> 说到写作的话，为了用语言达成一行的表达，必须放弃无法转换成语言的几十行。作家必须和心中涌出的无限感情斗争，粗暴地舍弃众多冗余的阴影。作家为了说一句话，就必须舍弃多余的万般感情。（山崎 1999）

以上是对"作家"职业和生涯的评论，但也能很好地反映在历史学概论和通史中，至少笔者是这样理解的。

任何时代如果要作为历史叙述，都必须舍弃许多发现的史料和事实，这一点有经验的作家一定马上能够理解。那么再进一步，为了达到通史体系的标准，不仅是史实，又有多少文章和"语言"都必须舍弃。这一点如果没有实际动手，是无法亲身感知到的。

何况想让"作品"变得有趣的话，就更是如此了。这个时代发生的事情，或者对他人而言重要的事情，当然不可能全部写进去。至少笔者是倾向于自己觉得"有趣"的题材，自己都不认为"有趣"或者无法写得"有趣"的东西，是不可能让他人觉得"有趣"的。

本书虽是一个时代的通史，但为了达到体系的标准，不得不放弃触及许多人物、事件、题材和论点。不贯彻这样的蛮勇就无法成功，这也是"用语言"叙述历史的宿命。

作为本书的结尾，笔者想一边回顾全文，一边对于支撑"表达"与

"放弃"的文献情况和研究动向做一简要介绍。毋庸赘言，要举出所有参考的论著是不可能的。为了不失于烦琐，不仅外语的论著，日语的杂志论文除极个别外，也都"不得不舍弃"了。尽管如此，笔者仍想将认为"有趣"的文献，加上作为本书基础的拙著拙稿，尽可能地罗列于此。

兴起、体制——第 I 部

首先围绕蒙古帝国的"欧亚大陆世界史"和"亚洲史"，杉山和冈本 2006 做了大致的勾画。发展"亚洲史"概念、构想世界史体系的是冈本 2018a，这是本书的整体背景。与之密切相关，特别是包含"中央"和"东方"的"欧亚大陆"概念，以及世界史上的时间跨度与有效性，详见冈本 2016。

笔者的立场只是对本书范围中"中央欧亚大陆"概念有效性的否定，并不是对有关"中央欧亚大陆"论著价值的否定。毋宁说这些论著都十分有用，比如小松等 2018 就是一例。为了不引起误解，此处特作说明。

理解欧亚大陆不可缺少的前提是梅棹 1974，这是"文明"论者必定会涉及的。论及"文明"也有各种各样视野和议论的分歧，但最初期的"文明图""生态""地域"构造等想法，才是世界史和通史最需要考虑的。

关于所谓"丝绸之路"的内涵，冈本 2018a 做了概念性的描述，其历史性构造和展开，比如森安 2020 有简洁的整理。关于蒙古时代前活跃于"丝绸之路"的粟特人，可以参照荒川 2004、森安 2016、荒川

2010。如果不走到这一步，就无法理解蒙古时代中亚的活力。

关于蒙古帝国的形成和构造有众多研究，这些成果的总结以杉山2010和古松2020最为便利，特别是通过后者可以获得最新的研究动向和从前的研究文献。

关于明朝草创及其体制，特别是"绝对帝制"等概念，三田村1991、2000比较容易入门。不仅宋代以后的所谓"君主独裁制"，以蒙古帝国统治体制为前提的论点也同样重要。当然，与"南人政权"的议论相关，在三田村泰助基础上做进一步精密史料和史实分析的，就是檀上1995的研究成果。关于包括冤狱事件在内的明太祖业绩，檀上2020〔1994〕非常容易理解。

从"靖难之变"到永乐政权成立，基于宫崎市定观点的檀上2012简洁明快。尽管有些跳跃，关于"靖难之变"，以幸田露伴《命运》为代表，考察中日知识分子认知的作品，还可以追加高岛2008。

永乐帝事业中过去就有热烈讨论的郑和远航，本书没有特别重视。文中谈及的先行研究和结论已经足够，不需要标出参考文献。

关于永乐帝经营的北京，包括地政学条件和大运河、漕运等问题，都需要追溯到蒙古帝国的大都。除了陈1984、杉山2010之外，还可以推荐新宫2004。

经济——第Ⅱ、Ⅲ部

这一部分是本书的主干，也是明代的主干。为何历史上的中国无法像日本和欧洲那样拥有近现代史，由此可以抓住其本质性的一端。

关于明朝特有财政经济的理念和体制，以及它的推移，冈本2013、冈本编2015有概论。本书的记述以此为原型，并扩充了脉络。

特别是关于土地、税制、徭役、货币等具体制度的讨论，各自都有不少专门论著，大部分在冈本编2013中都做了整理介绍，此处不再列出。

其中谈论整体制度和体制的，仍然推荐同时代观察的Morse1908。虽然是关于"清代"的说明，但清朝汉人统治体制的框架承袭自明朝，同样值得参考。正文只引用了国库、汇款体制的内容，此外还有与西洋的对比，饶有趣味的论述不在少数。

在财政制度的历史叙述中，必读书目是岩井2004。他和马士（Morse）一样，是以通观明清的视角，详细讲述了制度框架中的财政体系。实证而浩瀚的专著所论及的精密史实和具体事例自然重要，但更需要把握其核心。其中之一是本书几乎没有提及的"原额主义"构造和作用，岩井2004对此有具体的解释。

由此导出的徭役制度及其变迁，以及地方财政的定位，岩见1986具有开创性，集大成者还是岩井2004。徭役制度曾经是明清史研究的热门领域之一，积累了丰富的研究成果，但偏重于微观制度内容和宏观历史意义两极的论著不在少数。

连接财政和经济的是币制。关于铜钱，黑田1994、足立2012是前提。关于明代以前中国原创的铜钱，宫泽2007简明且富有启发性。

关于宝钞，从政治、经济、社会全方面视角阐明其性质的是檀上1995，务必参照。虽然是四分之一世纪前的论文，但仍是现今研究的前提和框架。需要注意概念术语，如果解决了这一点，会非常有启发性。从货币史角度佐证其观点的是宫泽2002，包括宝钞在内，还有进一步做经济史考察的井上2022。

如果只这样看待宝钞的命运，那不过是纸币丧失价值而已。尽管也有这样的看法，但如果结合当时的意识形态、体制来思考，那就不会仅限于此了，可以成为塑造此后包括经济、社会在内整体国家体制的线索。

关于此后白银流通和币制的生成与功能，也是明清史研究的热门领域，其最高峰是足利2012、岸本1997、黑田1994等成果，敬请熟读。

货币流通的经济构造，以阐明苏州工业化及其意义的宫崎1992〔1951〕为开端，经过论述农业经营等丰富产业史的足立2012、阐明湖广开发具体过程的吴1990、构想地域交易网络的滨下1989等实证与假说，在"地域经济连锁"模式化的岸本2021中走到了应有的终点。

在与此相关的对外关系中，批判"朝贡体制""朝贡体系"等旧框架的有冈本1999，从中发展出的华夷秩序、"朝贡一元体制"，与海禁相关的是檀上2013，与后述"互市"相关的以岩井2020最为详细，这是思考以后政治史发展的前提。

与日本的关系虽然最为重要，但也只是其中一环。关于政策、制度、贸易、"倭寇"，首先是以佐久间1992作为基础，进一步深入还有日本史等其他领域中的众多研究，但与本书主旨有直接关联的反而很少。

社会——第Ⅳ部

这是与第Ⅱ、Ⅲ部相辅相成、密切相关的部分。在一定的历史条件下,人类会创造出怎样的制度和社会? 在变革中,人类又是如何行动和思考的? 这在从前明清史研究中的题目叫作"乡绅论"和"思想史"。

两者都是牵引此前研究的领域,相关成果非常之多。由于是当时历史过程的产物,研究者当然都知道具体事件和论点之间如何相互关联。

但是与个别进行的先行研究相关,试图描绘体系性历史图像的动机和叙述,并不是非常充分,希望本书能够成为一个契机。虽不能说十分全面,但先列出几种可以作为参考的研究成果。

关于士大夫和庶民的关系,开创者是宫崎1992〔1954〕,从重田1975开始,出现了众多"乡绅论"的研究。关于学界一度热门的"乡绅"时代定位的研究动向,可以参考檀上1995所收的学术回顾论文。

以乡绅为主轴讨论"人的结合",即所谓"地域社会论"在1980年以后走向兴盛,又转化为视野更宽广的研究领域。岸本1999、2012是其中主导性的存在,不仅本身值得熟读玩味,从中还能获得史料、史实、研究文献等多种信息。

本书中关于"团体"和聚落形态的论述,既是基于这样的研究积累,也是依据笔者多年来完成的论著。所谓"团体"有至今为止的拙著,比如冈本2019中以十分独立的概念称为"中间团体"。毋庸赘言,这是有意识地援用了西洋年鉴学派的所谓corps internmédaires。

但是从世界史共时性的观点重新思考的话,比较中仍存在失误,因此本书中尝试使用了更具概括性的片假名叙述[1],但更想要表达的内容没有变化。

关于和"团体"成对出现的聚落形态,也参照了丰富的研究成果。以"社会科学"为重点,举几个典型的例子。包括前后时代,斯波1988、2002是必读的,密切相关的Skinner1973、Rozman1973研究成果也请再次熟读。

以阳明学为中心的"思想史",在哲学和思想领域有众多前人研究,可谓不胜枚举。笔者受兴趣和能力制约,不涉及教义的探究,只停留于社会、政治相关的基本动向。因此,关于阳明学的诞生和展开,特别是围绕王心斋和李卓吾的"左派"这一侧面,富有启发性的岛田2003、1967、2001、2002和井上2011多有参考。

当然,近年来也出现了和这些学说划清界限的动向,比如以小岛2013为代表,笔者受益颇多。但从明代社会的历史构造、趋势等关联来看,终究还是"强调左派侧面的议论"更具有说服力。

关于举业和出版业的推移,虽然关心和视角不同,但都集中到对社会世相的指摘,可以参考井上2002,中砂2002、2012,大木2005、2009。存在于背景中的社会情势和变动如何连接非常重要,以白话小说为主的文学研究也是同样。

---

[1] 原文采用了片假名ローカル・コミュニティ,即local community,译者依据文意翻译为"地方团体"。

政治——第Ⅴ、Ⅵ部

这两章与前面叙述的经济、社会、文化等相对,是政治史的论述。所谓"相对",本身也是"明朝史"的特征,因此以第Ⅱ、Ⅲ部乃至第Ⅳ部作为前提。如果不能结合起来考虑,就只能单纯成为对政局转变和权力斗争经过的追述。

比如本书开头所介绍的,让宫崎市定认为"历代天子的面目都不清晰,即便第五代和第八代交换,历史也不会发生变化"的史实经过究竟从何而来。考虑到第五代是宣德帝,第八代是弘治帝,似乎确实是这样。实际上,即便明朝"历代天子"在操守和人品上具有个性,但业绩上却都是没有个性的皇帝。在粗略的观察中,无论明君还是昏君,善政还是恶政,不管在位时间长短,几乎都是同一模式的重复,有的只是程度差异而已。那么,这是为什么呢?

近年来,或许是作为战后盛行社会经济史的反动,从前学说史上薄弱的政治史研究终于开始兴盛。比如细致考察嘉靖时期动向的城地 2012 和岩本 2019 等,但是否充分意识到整体脉络仍是未知数。关于以内阁为中心的具体政局,此外也有不少专门论文,但因有失烦琐,此处不再谈及。

关于明代宦官的活跃,概况自然以三田村 1983 为前提,但本书毋宁说与内阁结合,强调其在"明代"的制度性定位和意义。明代政治中宦官的作用,及其与朋党、党争的关联需要更多的重视。

关于"北虏南倭"的定位,世界史观点有冈本 1997、2013 的强调和概括。"倭寇"在日本史乃至从中派生的"海域亚洲史"中有庞大的研究积累,但因对中国史一知半解而损伤其价值的情况也不在少数。在日本史的脉络中具有划时代意义的荒野1988、2019等著述,在这一点上也无法例外,需要重新从明代中国的角度进行考察。在这一点上,岩井2020的价值值得玩味。

关于"隆庆和议"当时的具体政治经过和对外关系,萩原1980、小野1996、城地2012有珍贵的论述可以参考。关于清代的前身女真族的兴起,从往年三田村1965、河内1992、松浦1995、石桥2011到近年谷井2015、杉山2015等,日本的研究在世界范围内也是领先的。

任何概说和研究书中都必定提到张居正,那是明清史的重头戏之一,这样的论著不胜枚举,无法逐一列出。但是,结合前后时代论述其历史意义的反而是少数。这里可以参照讨论考成法和财政的岩井1989、1993。关于连接清代的督抚制度,参考辻原2011、2013。

接着,关于整个万历时代,黄1989展示了开阔的视野和丰富的见识。关于中央和地方的事件及具体制度的展开,也有不少专论,这里无暇展开了。

关于"民变",一方面与"乡绅论"密切相连,一方面从马克思主义史学时代开始就积累了众多成果。没有必要全部翻阅,首先应该参考岸本1999,她从江南"地域社会论"的关联出发,以广阔的视野深入探究问题。

关于给明末政治史添彩的党争,本书强调了构造性的侧面,但学界的研究集中于史料丰富的东林党及复社的活动。在思想史、学术史等领域,与社会、文化的关联不可忽视,可以先从小野1996、井上2011中获得细致的知识。

在上述前提下,可以考察经世学和清代汉学(考据学)的形成。

本书所涉及的顾炎武和黄宗羲的生涯和学说，在学界属于常识，但一般人未必知晓。应当重新从世界史的角度，考察中国传统政治理论和社会论的意义。绝好的线索是岛田1965、小野1967、井上1994等，这些只是与人物和作品直接有关的文献。

明代史与日本人

即便是说"明代很无趣"的内藤湖南，晚年也深感"有必要进一步研究明代史"（宫崎1994〔1948〕）。托福于上述研究成果，如此重要的"明代史"终于变得"有趣"起来了。

无论多么重要，如果很"无趣"，其重要性就得不到认可。日本的东洋史学也是如此，"明代"被长期闲置。

作为本书的结尾，笔者想从自己的角度重新思考，为何此前明代会被视为"无趣"。

值得一提的是，既然明代是"无趣"的，那就还有其他"有趣"的。东洋史学从战前的内藤湖南到宫崎市定时代，清朝史在当时与其说是历史，不如说是当代史和时事。如果省去清代的话，至少到宋代为止的历史是存在共鸣的。

这样的观察和想法，或许正是理解"明代"的关键。本书中也提到，宋与明的区别在于权力与民间、政治与社会的隔阂。在背后起作用并扩大差距的，正是作为国民国家雏形的西洋式近代的有无。

从序言中的引文可以看到，宫崎所说的"无趣"是指"明朝史"这一王朝的历史。通过脱离王朝政治史而考察社会经济史，明朝逐渐变得"有趣"起来。换言之，"明朝史"只是非常狭窄范围的政治史，是不与当时社会经济挂钩的另类存在。

另一方面,近世以来日本人的身边就有公权力。明治以后,以建设国民国家为目标,日本向着"文明开化"和"殖产兴业"迈进。其中,政治和社会吸收西欧产生的历史学和民族主义,最终形成了国史即日本史。

在日本人看来,能够产生共鸣的中国史就是曾经作为工具的唐代史,以及和目前的自己更为相似、政治和社会也更加接近的宋代史。与此相对,乖离社会的"明代史"的存在,无论是否意识到,都难免产生违和感。它既不被接受,也不会觉得熟悉。

如果是这样,无论有意从事社会经济史学的宫崎着手"明代"研究,还是战后流行的马克思主义史学向明清史倾注关心,在研究史中都具有重大意义。由此,政治和社会被同时纳入视野,为重新确立时代的位置准备了条件。尽管宫崎已故、马克思主义史学衰退,研究却越发兴盛。这至少说明,人们对于"明代"的理解方向没有错,并且正在变得"有趣"起来。这样的动向不应只是停留于专业的学术界。

在迎来21世纪的现代,日本人的世界观和价值观也变得越发多元化。以前作为自明前提的民族国家出现动摇,历史学也开始反省过去西欧的国家主义历史和马克思主义史学,不断探索新的史观。两者相得益彰,终于使明代历史的"有趣"变得容易理解。这不就是包括历史学界在内,现在日本的知识现状吗?

因此,我将"明代"编为一册奉于世间。期待它在重新审视时代,将中国历史放入东亚和世界中重新理解的同时,也能够成为再次追问发展至今的现代中国的依据。

后 记

正如前文所说,笔者对于明朝和明代的历史研究,几乎是个门外汉。所谓"门外汉",是指没有写过专门的论文;之所以要说"几乎",是因为虽然很少,但相关论文并非完全没有。不管怎样,与专业的学会是无缘的。

自从有志于学问以来,学业上从未懈怠,这一点我可以公开宣布。不以明代作为专业,并非没有兴趣,而是避不开种种状况和障碍,相遇只是偶然。

即便如此,最近几年我也强烈意识到明代的存在和重新考察的必要。尽管只有非常粗糙的构想,我还是获得了撰写中国和世界通史的机会。从这一视角出发,我深感比起自己几十年来主要从事的清代和近代,"明代"才是与现代相连的东亚历史的转机,有着最为重要的价值。

能够执笔本书是非常幸运的,虽然不直接从事专业研究,但基本情况依然有所了解,况且不受严密专业性束缚的"门外汉"立场,反而更适合这样题材的书籍和叙述风格。

具体的史实和论点受惠于庞大的既有研究成果,作为日本中国史学最发达的研究领域,我没有感觉到其间存在重大缺陷而需要加入自己的观点。本书的史实和论点几乎没有新奇和独创的内容,这也是执笔之际重读丰硕的研究成果后最深切的感受。

但是,若要整合这些史实和论点,审视当时的历史情况,给予现代读者简洁的表达、具有说服力的叙述,就必须用自己的史观和史眼,对事件和要点进行取舍选择和体系化。在大量的事实探索和论点发掘中,专业分工是有效的,但各自完结的历史叙述很难组合起来。反过来说,笔者独创的想法、洞察和论证正在此处,需要慧眼之士才能够理解。

回想起来,还是二十岁本科生的时候,首次真正接触汉文史料是轮读张瀚的随笔《松窗梦语》。这是社会经济史研究常用的资料,我偶然间发现了排印标点本中的错误,得到岩见宏老师的表扬,当时真是开心极了。真正对明清史产生兴趣,恐怕就是在那个时候。

当时前来东洋文库指导的山根幸夫老师,与岩见老师并称明代研究的东西重镇。面对不同专业的一介学生,山根老师给予了亲切的接待,每次赴京都惠赐诚恳的指导,还多次赠送我论著。

大学课程中,我为滨岛敦俊老师的明代江南社会讲义所倾倒,讨论报告中又读到檀上宽老师关于明代迁都问题的论文,令我深受感动。

如此看来,本科生涯总是被光明所环绕,难怪会对明代史产生强烈的兴趣。

此后过了十五年,没想到能够去檀上老师执教的京都女子大学讲课,这真是万分侥幸,仿佛年轻时代的憧憬变成了现实。尔来二十年,在老师的指导下,"明代"日益成为近在身边的存在。

借着这样的感觉,四年前终于决定执笔概论的讲义。第二年开始的课程意外受到好评,在此激励下还会持续一阵。

此时,我收到了名古屋大学出版会三木信吾执笔本书的邀请。为什么出版明代史的概说?为什么会找到"门外汉"的自己?我并没有这样发问,而是在上述经历和感触下极其自然地接受了。周到踏实的编集,付梓之前的陪伴,以及出版会井原陆郎先生对本书原稿中的生硬行文和大量图版做了极为细致的修改,在此谨致谢忱。

本书的原稿是在 2018 年开办的讲义基础上作成的。当时的研修员、大阪学院大学讲师根无新太郎接受我的陪席请求,帮助完成了讲义笔记的整理和校对工作,特此表示感谢。

最辛苦的其实还在后头。将笔记改写成文章和整合全书的构架与题材,就花去了一年以上时间。当初似乎是以 2020 东京奥运会之年脱稿和刊行作为目标的,但是一拖再拖,和奥运会一起延期了一年。这不仅是新冠病毒的缘故,还有我生性过于懒散。刊行又拖到了下一年,更加令我羞愧难当。

我拿着好不容易完成的草稿,鼓起勇气交给檀上老师过目。回头看来,这仿佛听课的学生提交自己的报告或毕业论文一样。老师不顾多年疲累和生活诸多琐事,欣然接受后提出了许多宝贵的意见和批正。如此深厚的学恩,已经无法用语言答谢了。

即便如此,文中还有不少错误或遗漏,那当然是笔者这个"门外汉"的责任。为了继续学习,恳请大方之家赐正!

冈本隆司

2021 年 8 月

大事年表

1260	中统元年	忽必烈继位,交钞发行
1267	至元四年	建设大都
1271		大元国建立
1276		南宋投降
1347	至正七年	地中海确认"黑死病"
1348		方国珍叛乱
1351		"红巾之乱"
1353		张士诚叛乱
1356		张士诚占据苏州;朱元璋攻占金陵(南京),设置江南行省
1357		陈友谅自立
1363		朱元璋打败陈友谅
1364		朱元璋自立为吴王
1367		朱元璋打败张士诚;方国珍向朱元璋投降
1368	洪武元年	朱元璋即位,明朝建立;攻占大都;发布海禁令
1369		向怀良亲王要求禁止倭寇
1370		诸王分封开始;开中法开始
1371		制定南北更调
1374		市舶司废止;高启被处死
1375		发行大明宝钞,发布金银禁令
1376		"空印案"
1380		胡惟庸案
1381		实行里甲制
1391		懿文太子视察西安

1392		懿文太子去世,迁都中止
1393		蓝玉案
1397		发布"六谕"
1398		洪武帝去世,建文帝即位
1399	建文元年	"靖难之变"
1402		永乐帝即位
1403	永乐元年	设置市舶司
1405		郑和远航开始
1407		吞并安南
1410		亲征蒙古开始
1415		漕运统一于大运河
1421		迁都北京
1424		永乐帝去世,洪熙帝即位;迁都南京
1425	洪熙元年	洪熙帝去世,宣德帝即位;迁都中止
1428	宣德三年	再次发布金银禁令,宝钞制造中止;放弃安南
1429		增设钞关
1430		最后的郑和远航
1433		施行"金花银"
1435		宣德帝去世,英宗即位
1436	正统元年	施行"折粮银"
1440		杨荣去世
1441		南京迁都中止,北京确定为首都
1444		杨士奇去世
1446		杨溥去世
1449		"土木之变",瓦剌俘虏英宗,王振去世;景泰帝即位
1450	景泰元年	英宗归还北京
1457	天顺元年	"夺门之变",英宗复辟,于谦被处死
1464		英宗去世,成化帝即位

1487	成化二十三年	成化帝去世,弘治帝即位;达延汗统治蒙古
1488	弘治元年	全国实施均徭法
1492		哥伦布发现新大陆
1498		达·伽马发现印度航线
1500		制定《问刑条例》
1502		《大明会典》完成
1505		弘治帝去世,正德帝即位
1508	正德三年	王守仁"龙场顿悟"
1510		刘瑾被处死
1519		宁王朱宸濠之乱,被王守仁镇压
1521		正德帝去世,嘉靖帝即位
1524	嘉靖三年	"大礼议"结束;唐寅去世
1527		祝允明去世
1529		王守仁去世;礼制改革开始
1540		王心斋去世
1543		严嵩掌握政权
1547		俺答汗统治蒙古
1548		朱纨进攻双屿
1550		"庚戌之变"
1557		胡宗宪抓捕王直,葡萄牙人定居澳门
1559		王直被处死;文徵明去世
1566		嘉靖帝去世,隆庆帝即位
1567	隆庆元年	开放月港;严嵩去世
1571		隆庆和议
1572		隆庆帝去世,万历帝即位
1573	万历元年	实行考成法
1580		全国土地丈量
1581		全国实行"一条鞭法"

1582		张居正去世
1583		努尔哈赤起兵
1592		宁夏之役;丰臣秀吉出兵朝鲜(文禄之役)
1596		"矿税之祸"开端
1597		丰臣秀吉出兵朝鲜(庆长之役);播州之役
1602		李卓吾自尽
1604		东林书院复兴
1612		顾宪成去世
1615		"梃击案"
1616		努尔哈赤即位
1617		实行纲法
1619		萨尔浒之战
1620	万历四十八年 泰昌元年	万历帝去世,泰昌帝即位;泰昌帝去世,"红丸案",天启帝即位;"移宫案"
1623	天启三年	魏忠贤掌握政权
1626		宁远之役,袁崇焕击退努尔哈赤;努尔哈赤去世;皇太极即位;"开读之变"
1627		天启帝去世,崇祯帝即位;魏忠贤自杀
1630	崇祯三年	袁崇焕被处死
1631		李自成叛乱
1636		"大清国"建立;董其昌去世
1643		皇太极去世,顺治帝即位
1644	崇祯十七年 顺治元年	李自成进攻北京,崇祯帝自缢,明朝灭亡;清军入关
1645		李自成去世
1682	康熙二十一年	顾炎武去世
1695		黄宗羲去世

文献目录

*只列出本书提及的文献。

*出版年后〔 〕内是初版年份。

*译著标注原书的信息。[1]

足立啓二『明清中国の経済構造』(明清中国的经济构造),汲古書院,2012年。

荒川正晴『オアシス国家とキャラヴァン交易』(绿洲国家与商队贸易),山川出版社・世界史リブレット,2003年。

——『ユーラシアの交通・交易と唐帝国』(欧亚大陆的交通、交易与唐帝国),名古屋大学出版会,2010年。

荒野泰典『近世日本と東アジア』(近世日本与东亚),東京大学出版会,1988年。

——『「鎖国」を見直す』(重新审视"锁国"),岩波現代文庫,2019年。

新宮学『北京遷都の研究——近世中国の首都移転』(北京迁都研究——近世中国的首都移动),汲古書院,2004年。

石橋崇雄『大清帝国への道』(走向大清帝国之路),講談社学術文庫,2011〔2000〕年。

井上進『顧炎武』,中国歴史人物選第10巻,白帝社,1994年。

——『中国出版文化史——書物世界と知の風景』(中国出版文化史——书籍世界与知识的风景),名古屋大学出版会,2002年。

---

[1] 为便于读者查找,本书"文献目录"部分最大限度保留了日文版的原貌,只在包含假名的日语书名、论文名后括注中文翻译,英语文献不作改动。

——『明清学術変遷史——出版と伝統学術の臨界点』(明清学术变迁史——出版和传统学术的临界点),平凡社,2011年。

井上正夫『東アジア国際通貨と中世日本——宋銭と為替からみた経済史』(东亚国际通货与中世日本——宋钱和兑换所见经济史),名古屋大学出版会,2022年。

岩井茂樹「張居正財政の課題と方法」(张居正财政的课题与方法),岩見宏·谷口規矩雄編『明末清初期の研究』(明末清初期研究),京都大学人文科学研究所,1989年,所収。

——「明末の集権と「治法」主義——考成法のゆくえ」(明末的集权与"治法"主义——考成法的去向),『和田博徳教授古稀記念　明清時代の法と社会』(和田博徳教授古稀纪念　明清时代的法与社会),汲古書院,1993年,所収。

——『中国近世財政史の研究』(中国近世财政史研究),京都大学学術出版会,2004年。

——『朝貢·海禁·互市——近世東アジアの貿易と秩序』(朝贡、海禁、互市——近世东亚的贸易与秩序),名古屋大学出版会,2020年。

岩見宏『明代徭役制度の研究』(明代徭役制度研究),同朋舎出版,1986年。

岩本真利絵『明代の専制政治』(明代的专制政治),京都大学学術出版会,2019年。

臼井佐知子『徽州商人の研究』(徽州商人研究),汲古書院,2005年。

梅棹忠夫『文明の生態史観』(文明的生态史观),中公文庫,1974〔1967〕年。

呉金成著/渡昌弘訳『明代社会経済史研究——紳士層の形成とその社会経済的役割』(明代社会经济史研究——绅士层的形成及其社会经济性作用),汲古書院,1990年(吴金成『中国近世社会经济史研究——明代绅士層의形成과社会经济的役割』서울:一潮閣,1986年)。

大木康『明末江南の出版文化』(明末江南的出版文化),研文出版,2005年。

——『中国明末のメディア革命——庶民が本を読む』(中国明末的媒

体革命——庶民读书），刀水書房，2009年。

　岡田英弘『だれが中国をつくったか——負け惜しみの歴史観』（谁创造了中国——不服输的历史观），PHP新書，2005年。

　岡本隆司『近代中国と海関』（近代中国与海关），名古屋大学出版会，1999年。

　——『増補　中国「反日」の源流』（增补　中国"反日"的源流），ちくま学芸文庫，2019〔2011〕年。

　——『近代中国史』，ちくま新書，2013年。

　——『「東アジア」と「ユーラシア」——「近世」「近代」の研究史をめぐって』（"东亚"与"欧亚大陆"——围绕"近世""近代"的研究史），『歴史評論』第799号，2016年。

　——『世界史序説——アジア史から一望する』（世界史序说——从亚洲史眺望），ちくま新書，2018年（2018a）。

　——『近代日本の中国観——石橋湛山・内藤湖南から谷川道雄へ』（近代日本的中国观——从石桥湛山、内藤湖南到谷川道雄），講談社選書メチエ，2018年（2018b）。

　——『「中国」の形成——現代への展望』（"中国"的形成——展望现代），シリーズ中国の歴史5，岩波新書，2020年。

　——編『中国経済史』，名古屋大学出版会，2013年。

　小野和子『黄宗羲』，中国人物叢書（第2期）第9巻，人物往来社，1967年。

　——『明季党社考——東林党と復社』（明季党社考——东林党与复社），同朋舎出版，1996年。

　河内良弘『明代女真史の研究』（明代女真史研究），同朋舎出版，1992年。

　岸本美緒「清朝とユーラシア」（清朝与欧亚大陆），歴史学研究会編『講座世界史2　近代世界への道——変容と摩擦』（讲座世界史2通往近代世界之路——演变与摩擦），東京大学出版会，1995年，所収。

　——『清代中国の物価と経済変動』（清代中国的物价与经济变动），研文出版，1997年。

　　——『東アジアの「近世」』（东亚的“近世”），山川出版社・世界史リブレット，1998年。

　　——『明清交替と江南社会——17世紀中国の秩序問題』（明清交替与江南社会——17世纪中国的秩序问题），東京大学出版会，1999年。

　　——『地域社会論再考——明清史論集2』，研文出版，2012年。

　　——『明末清初中国と東アジア近世』（明末清初中国与东亚近世），岩波書店，2021年。

　　黒田明伸『中華帝国の構造と世界経済』（中华帝国的构造与世界经济），名古屋大学出版会，1994年。

　　——『貨幣システムの世界史』（货币体系的世界史），岩波現代文庫，2020〔2003〕年。

　　桑原隲藏『蒲寿庚の事蹟』（蒲寿庚的事迹），平凡社・東洋文庫，1989〔1923〕年。

　　黄仁宇著/稲畑耕一郎・古屋昭弘・岡崎由美・堀誠訳『万暦十五年——1587「文明」の悲劇』（万历十五年——1587“文明”的悲剧），東方書店，1989年（Ray Huang. *1587, A Year of No Significance : The Ming Dynasty in Decline*, New Haven & London : Yale University Press, 1981）。

　　小島毅『朱子学と陽明学』（朱子学与阳明学），ちくま学芸文庫，2013〔2004〕年。

　　小松久男・荒川正晴・岡洋樹編『中央ユーラシア史研究入門』（中央欧亚大陆史研究入门），山川出版社，2018年。

　　佐久間重男『日明関係史の研究』（日明关系史研究），吉川弘文館，1992年。

　　重田德『清代社会経済史研究』，岩波書店，1975年。

　　斯波義信『宋代江南経済史の研究』（宋代江南经济史研究），東京大学東洋文化研究所報告，汲古書院，1988年。

　　——『中国都市史』，東京大学出版会，2002年。

　　島田虔次著/井上進補注『中国における近代思惟の挫折』（中国近代思维的挫折），全2冊，平凡社・東洋文庫，2003〔1949〕年。

　　島田虔次『中国革命の先駆者たち』（中国革命的先驱者们），筑摩書房，

1965年。

——『朱子学と陽明学』,岩波新書,1967年。

——『中国の伝統思想』(中国的传统思想),みすず書房,2001年。

——『中国思想史の研究』(中国思想史研究),京都大学学術出版会,2002年。

城地孝『長城と北京の朝政——明代内閣政治の展開と変容』(长城与北京的朝政——明代内阁政治的展开与演变),京都大学学術出版会,2012年。

杉山清彦『大清帝国の形成と八旗制』(大清帝国的形成与八旗制),名古屋大学出版会,2015年。

杉山正明『クビライの挑戦——モンゴルによる世界史の大転回』(忽必烈的挑战——蒙古世界史的大转变),講談社学術文庫,2010〔1995〕年。

——『モンゴル帝国の興亡』(蒙古帝国的兴亡)上・下,講談社現代新書,1996年。

——・岡本隆司「世界のなかでの中国史」(世界中的中国史),礪波護・岸本美緒・杉山正明編『中国歴史研究入門』,名古屋大学出版会,2006年,所収。

高島俊男『中国の大盗賊・完全版』(中国的大盗 完全版),講談社現代新書,2004〔1989〕年。

——『しくじった皇帝たち』(失败的皇帝们),ちくま文庫,2008年。

谷井陽子『八旗制度の研究』(八旗制度研究),京都大学学術出版会,2015年。

檀上寛『明の太祖 朱元璋』(明太祖 朱元璋),ちくま学芸文庫,2020〔1994〕年。

——『明朝専制支配の史的構造』(明朝专制统治的历史研究),汲古書院,1995年。

——『永楽帝——華夷秩序の完成』(永乐帝——华夷秩序的完成),講談社学術文庫,2012〔1997〕年。

——『明代海禁=朝貢システムと華夷秩序』(明代海禁朝贡体系与华夷秩序),京都大学学術出版会,2013年。

　　——『陸海の交錯——明朝の興亡』(海陆的交错——明朝的兴亡),シリーズ中国の歴史4,岩波新書,2020年。

　　陳舜臣『中国の歴史(六)』(中国的历史〈六〉),講談社文庫,1991〔1982〕年。

　　陳正祥編著『中国歴史・文化地理図冊』,原書房,1982年。

　　陳高華著/佐竹靖彦訳『元の大都——マルコ・ポーロ時代の北京』(元大都——马可・波罗时代的北京),中公新書,1984年(陳高華『元大都』北京:北京出版社,1982年)。

　　辻原明穂「明末の経略と督師——督撫制度との関わりから見た」(明末的经略与督师——与督抚制度的关联所见),『洛北史学』第13号,2011年。

　　——「明代巡撫の地方常駐化とその意味——南贛巡撫を手掛かりに」(明代巡抚的地方常驻及其意义——以南赣巡抚为线索),『アジア史学論集』(亚洲史学论集)第6号,2013年。

　　寺田隆信『山西商人の研究——明代における商人および商業資本』(山西商人研究——明代商人与商业资本),東洋史研究会,1972年。

　　内藤湖南「新支那論」,『内藤湖南全集』第5巻,筑摩書房,1972〔1924〕年,所収。

　　中砂明徳『江南——中国文雅の源流』(江南——中国文雅的源流),講談社選書メチェ,2002年。

　　——『中国近世の福建人——士大夫と出版人』(中国近世的福建人——士大夫与出版人),名古屋大学出版会,2012年。

　　萩原淳平『明代蒙古史研究』,同朋舎,1980年。

　　濱下武志『中国近代経済史研究——清末海関財政と開港場市場圏』(中国近代经济史研究——清末海关财政与开港场市场圈),東京大学東洋文化研究所報告,汲古書院,1989年。

　　原勝郎『日本中世史』,創元社,1939年。

　　坂野正高『近代中国政治外交史——ヴァスコ・ダ・ガマから五四運動まで』(近代中国政治外交史——从瓦斯科・达・伽马到五四运动),東京大学出版会,1973年。

　　藤井宏「明代塩商の一考察——辺商・内商・水商の研究」(明代盐商的

一个考察——边商、内商、水商研究）)（1）—（3）『史学雑誌』第54編第5-7号，1943年。

——『新安商人の研究』(新安商人研究)（1）—（4）『東洋学報』第36巻第1-4号，1953-54年。

古松崇志『草原の制覇——大モンゴルまで』(草原制覇——大蒙古之前)，シリーズ中国の歴史3，岩波新書，2020年。

本田實信『モンゴル時代史研究』(蒙古时代史研究)，東京大学出版会，1991年。

松浦茂『清の太祖 ヌルハチ』(清太祖 努尔哈赤)，中国歴史人物選第11巻，白帝社，1995年。

三田村泰助『宦官——側近政治の構造』(宦官——亲信政治的构造)，中公文庫，1983〔1963〕年。

——『清朝前史の研究』(清朝前史研究)，東洋史研究会，1965年。

——「北と南の文化論」(北与南的文化论)，生活の世界歴史2月報・森本哲郎対談9，河出書房新社，1975年12月25日。

——『黄土を拓いた人たち』(开拓黄土的人们)，生活の世界歴史2，河出文庫，1991〔1976〕年。

——編『明帝国と倭寇』(明帝国与倭寇)，中国文明の歴史8，中公文庫，2000〔1967〕年。

宮崎市定「『中国中古の文化』『中国近世史』(内藤虎次郎著)」(内藤虎次郎著《中国中古的文化》《中国近世史》)，『宮崎市定全集24 随筆（下）』，岩波書店，1994〔1948〕年，所収。

——「明清時代の蘇州と軽工業の発達」(明清时代的苏州与轻工业的发达)，『宮崎市定全集13 明清』，岩波書店，1992〔1951〕年，所収。

——「明代蘇松地方の士大夫と民衆——明代史素描の試み」(明代苏松地区的士大夫和民众——明代史素描试绘)，『宮崎市定全集13 明清』，岩波書店，1992〔1954〕年，所収。

——「洪武から永楽へ——初期明朝政権の性格」(从洪武到永乐——明初政权的性质)，『宮崎市定全集13 明清』，岩波書店，1992〔1969〕年，所収。

——「『明代徭役制度の研究』(岩見宏著)はしがき」(岩见宏著《明代徭

役制度研究》前言），『宮崎市定全集 24 随筆（下）』，岩波書店，1994〔1986〕年，所収。

——「自跋」，『宮崎市定全集 13 明清』，岩波書店，1992 年，所収。

官澤知之「明初の通貨政策」（明初的通货政策），『鷹陵史学』第 28 号，2002 年。

——『中国銅銭の世界——銭貨から経済史へ』（中国铜钱的世界——从钱币到经济史），思文閣出版，2007 年。

森正夫ほか編『明清時代史の基本問題』（明清时代史的基本问题），中国史学の基本問題 4，汲古書院，1997 年。

森安孝夫『興亡の世界史 05 シルクロードと唐帝国』（兴亡世界史 05 丝绸之路与唐帝国），講談社学術文庫，2016〔2007〕年。

——『シルクロードと世界史』（丝绸之路与世界史），講談社選書メチエ，2020 年。

安田峰俊『現代中国の秘密結社——マフィア，政党，カルトの興亡史』（现代中国的秘密结社——黑手党、政党与邪教的兴亡史），中公新書ラクレ，2021 年。

山崎正和『室町記』，朝日選書，1974 年。

——「解説 作家の友人であること——『回想 開高健』のドラマ」（解说：我是作家的朋友——《回想 开高健》连续剧），谷沢永一『回想 開高健』PHP 文庫，1999〔1992〕年，所収。

Elvin, Mark. *The Pattern of the Chinese Past*, Stanford: Stanford University Press, 1973.

Morse, Hosea B. *The Trade and Administration of the Chinese Empire*, 1st ed., Shanghai, etc.: Kelly & Walsh, 1908.

Rozman, Gilbert. *Urban Networks in Ch'ing China and Tokugawa Japan*, Princeton: Princeton University Press, 1973.

Skinner, G. William. 'Cities and the Hierarchy of Local Systems,' in do., ed., *The City in Late Imperial China*, Stanford: Stanford University Press, 1977.

译后记

　　2022年初夏，我的学位论文顺利通过答辩，由于是在职攻读博士学位，暂且不必为求职而劳神。正当我筹划着如何度过一个充实而有意义的暑假时，导师张学锋教授给我发来了浙江人民出版社的翻译邀请。

　　得知需要翻译的作品正是眼前这本《何谓明代："危机"下的世界史与东亚》，心中不由掠过一丝惊喜。实际上，我在今年春天就通过公众号了解到本书日文版的问世。作者冈本隆司先生是著名的东洋史学者，专攻清代与民国，尤以经济史和外交史最为出色。本次撰写明代史，可以说是对既有研究的拓展。因此，我第一时间向南大图书馆做了荐购，如今又有机会直接担任翻译，着实是奇妙的缘分。

　　不过，面对编辑李信先生的热情邀约，心情仍然有些复杂。一方面，我的博士学位方向就是明清史，自认为三年的时光未曾虚度，再加上此前的经验，翻译本书应当没有问题。但另一方面，我的研究方向其实是明朝的对日关系，能否胜任整部明代史的翻译工作，不免有些令人生疑。不过我并没有提出这些顾虑，很快就与李信先生商量好了合作事宜。

　　在翻译的过程中，本书有几个方面令我印象深刻。首先，作者以明代"私有化"体制的构建和崩溃作为全书的线索，以此串联起有明一代的政治和经济社会事件，旁及城乡生活与对外关系，反映出作者高超的结构驾驭能力。其次,作者有着非常开阔的国际视野,尽管本书是一部明代史,但正如副标题所显示的那样,其内容并不局限于中国内部,书中随处可见与同时代日本的对比,以及将明代历史放入整个世界史中的考察。此外,作者对前人的研究成果也有深刻的理解,不仅每部的开头都别出心裁地安排经典研究论著的引文,结尾还另辟一章详细介绍了日本学界明代史研究的现状,这对于中国读者尤其受用。

当然,作者的论述中也有值得探讨的地方。比如文中关于"倭寇"的定位,虽然是日本学界比较通行的观点,但与国内的主流看法分歧较大,可以交由读者自行判断,或是从学术的角度进行探讨。此外,在不影响作者原意的前提下,本书翻译过程中存在个别删减,一些历史地图也未作保留,这一点恳请读者谅解。

如同最初的计划,翻译工作基本在假期中完成。南京的夏天挥汗如雨,今年尤其如此。译稿的顺利完成,首先得益于现代科技的加持,在空调凉风的吹拂下奋笔疾书,常常不知不觉就过去了一整天。同时,持续高强度的工作也离不开家人的支持,特别是妻子焦博的悉心陪伴。每当我纠结于长句的译法,或是困惑于作者所要表达的真意时,她递上的一杯水、一份水果,都是最好的鼓励。当然还要感谢李信先生的信任和耐心沟通,如果本书中译版的问世可以让更多读者体会到明代史的"有趣",那么我们的努力也就有了价值。

最后,南京大学历史学院于今年秋天成立了明史研究中心。"童子何知,躬逢胜饯",愿本书的出版能够为中心的发展添彩!

马云超

2022年秋,于南京大学